KB125886

SELF
LOVE

미건 로건 지음   홍승원 옮김

SELF

— 마음챙김 다이어리 —

LOVE

— 셀프 러브 —

오월구일

세상에서 가장 소중한 당신을 위한 책입니다.

CONTENTS

반가워요. 셀프 러브의 여정을 이제 막 시작하려는 당신에게 도움을 줄 수 있게 되어 영광이에요. 이 책을 통해 셀프 러브가 왜 중요한지, 셀프 러브를 어떻게 실천할 수 있는지 알게 될 거예요. 지금부터 당신이 자기 자신과 더 나은 관계를 맺을 수 있도록 안내할게요.

많은 전문가들이 흔히 자신을 사랑하는 일은 정말 중요하다고 이야기하죠. 그런데 자신을 사랑하는 일이 그리 쉽고 간단하지 않아요. 의도적인 연습과 의식적인 집중이 꼭 필요해요. 반드시 시간과 에너지를 쏟아야 하고요. 저는 20년간 상담 심리 치료사로 일하면서 수많은 사람을 만난 덕분에, 자신을 사랑하는 일이 얼마나 중요한지 두 눈으로 목격할 수 있었어요.

한때 저도 번아웃을 경험한 적이 있어요. 워킹 맘으로 바쁘게 살다 보니, 하루를 마무리할 무렵에는 배터리가 다 닳아버린 느낌이 들었거든요. 진이 다 빠진 채 핫초코를 마시고 멍하니 넷플릭스를 보면서 시간을 낭비했죠. 너무 지친 탓에 대인 관계도 기피했어요. 점점 문제가 커지기 시작했어요. 외로워지고 무기력해진 거예요. 그때 인생에서 자신을 가장 우선시하는 것이 얼마나 중요한지 깨달았어요. 그렇기 때문에 저는 저를 찾아오는 모든 사람에게 도움을 줄 수 있었어요. 자신을 돌보고 아낄 수 있도록 말이죠.

셀프 러브가 최종 목적지라면, 이 책에 니오는 활동은 주유소라고 할 수 있어요. 각각의 활동을 실천하고 연습하겠다는 의지는 연료가 될 거고요. 가끔은 셀프 러브의 여정이 너무 번거롭게 느껴지거나, 와닿지 않을 수도 있어요. 방지 턱을 마주하거나 우회로를 찾아야 할 때도 있을 거예요. 그래도 괜찮아요. 이 여정에서는 결과가 아니라 과정 자체를 즐길 수 있거든요. 당신은 사랑받을 자격이 있다는 점을 기억하며, 계속해서 나아가세요. 이 책을 펼친 당신은 셀프 러브로 향하는 커다란 첫걸음을 내디딘 것이에요. 정말 대단해요. 곧 그 노력이

빛을 발할 거예요.

　자신의 장점을 발견하고 가꾸며, 스스로 삶을 치유하기 시작하면 놀라운 일이 벌어져요. 자신의 몸에 대해 가지고 있는 왜곡된 이미지를 회복하는 것이든, 해로운 관계성을 끊어내는 것이든, 아니면 그저 자신을 우선시하겠다고 결심하는 것이든, 이 책은 다양한 방법을 동원해 의미와 목적으로 가득한 삶을 창조할 수 있도록 도와줄 거예요. 또한 여러 가지 활동을 통해 내면이 단단해질 수 있도록 응원해 줄 거고요.

　이 책은 크게 세 부분으로 구분되어 있어요. 1부에서는 셀프 러브가 중요한 이유를 알아보고 이를 실천하기 위한 준비를 하는 시간이에요. 이를 통해 막연하게 느껴졌던 셀프 러브에 대해 이해할 수 있을 거예요. 2부에서는 자기 인식부터 자기 자비, 자기 회의, 자기 가치, 관계성까지, 셀프 러브의 개념을 세분화해서 각각의 목적에 맞는 구체적인 활동이 나와 있어요. 3부에서는 셀프 러브가 가져오는 변화를 확인할 수 있고요.

자신만의 속도를 유지한다고 해도 아무 문제없어요. 오히려 당신이 서두르지 않으면 좋겠어요. 이 책은 하나의 여정이라는 사실을 기억하세요. 그 여정은 다양한 목적지로 이어지며, 그중에는 자신에게 다정해지고 자비로워지는 연습을 할 수 있는 지혜의 장소도 있어요. 이 책에 나오는 활동이 가끔은 무섭거나 감당하기 이렵다는 생각이 들 수도 있어요. 이때는 여유를 가지고 감정을 그 자체로 받아들이세요. 그렇게 계속 앞으로 나아가면서 꾸준히 지속해 보세요. 실패할 것 같다고요? 걱정하지 마세요. 제가 그 길을 함께 가면서 당신을 돕고 응원할 테니까요. 이 책을 덮을 무렵에는 분명 자신을 사랑하는 사람이 되어 있을 거예요. 당신이 성장하고, 더 많은 것을 배우고, 상처로부터 치유되고, 궁극적으로는 자기 자신이 얼마나 귀하고 소중한 존재인지 깨닫게 되는 여정을 출발해 볼게요.

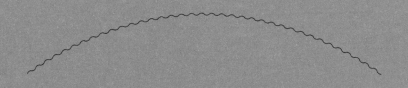

우리는 타인에게 자신을
너무나 많이 내주기도 한다. 그 균형을 찾기 위해서는
혼자만의 시간과 자기 성찰이 필요하다.

바바라 디 앤젤리스
Barbara De Angelis

여행을 떠나기 위해서는 출발점과 최종 목적지를 알아야 해요. 여러 준비 과정도 거쳐야 하죠. 자신을 찾아가는 기나긴 여정에서도 마찬가지예요. 그 여정을 본격적으로 떠나기 전에, 당신의 상태를 파악하고 당신이 이루고 싶은 목표를 생각해야 해요.

가장 먼저 셀프 러브의 토대를 단단하게 마련하는 연습부터 시작해 볼게요. 삶을 살아가는 데 있어서 셀프 러브가 왜 그토록 중요한지 이해할 수 있는 단계죠. 이 과정을 통해 당신의 내면을 들여다볼 수 있으며, 셀프 러브가 지닌 진정한 의미를 생각해 볼 수 있을 거예요. 그리고 당신이 잘하고 있는 영역이 무엇인지, 또 성장이 필요한 영역은 무엇인지 알게 될 거고요.

셀프 러브Self-Love가 중요한 이유

나는 나 자신을 다시금 발견했다. 내가 알고 있던 내가 아니라, 더 강하고 더 지혜로운 나 자신, 지금 모습 그대로도 충분하다는 사실을 알고 있는 나 자신, 불 속에서 재가 되는 대신 연단되어 정금으로 변한 나 자신을 마주했다. 오랜 세월 동안 의심하고, 질문하고, 노력하고, 애를 쓰고 나서, 마침내 이전과 현재, 그리고 앞으로도 나는 그대로도 충분하리라는 사실을 깨달았다. **맨디 헤일**Mandy Hale

우선 동기를 부여하고 내면의 에너지를 채워야 해요. 이를 위해서 자신을 사랑하는 일, 즉 셀프 러브의 개념을 깊이 들여다볼 필요가 있어요. 삶을 주도적이고 행복하게 살아가는 데 있어 꼭 필요한 과정이죠. 지금부터 셀프 러브가 무엇인지, 이와 관련해 우리가 오해하고 있는 내용은 무엇인지 짚어볼게요. 그리고 셀프 러브가 일상에서 어떤 모습으로 발현되는지 자세히 알아볼게요. 이로써 애매모호하게만 느껴졌던 셀프 러브의 의미를 더욱 잘 이해할 수 있을 거예요.

자신을 사랑하기 위한 첫걸음

상담 심리 치료사로 일하면서, 자신을 사랑하는 방법에 대해 알지 못하는 수많은 사람을 만날 수 있었어요. 셀프 러브가 필요하다는 사실을 비교적 쉽고 빠르게 파악하는 것과 달리, 그들은 실제로 변화를 가져오기 위해서 무엇을 해야 할지 전혀 모르기 때문에 방황을 되풀이해요. 이는 셀프 러브에 대한 오해와 편견으로 인해 일어나는 현상이에요. 결론부터 말하자면, 셀프 러브는 완벽하다는 것이 아니고 늘 행복한 모습만 추구한다는 것도 아니에요. 또 눈에 보이는 성과나 외적인 성공 지표에 영향을 받지도 않아요.

셀프 러브는 자신의 잠재력을 최대로 끌어올리고, 내면을 공감과 자비로 가득 채울 수 있게 해주는 원동력이에요. 삶을 좋은 방향으로 이끌어주는 연료라고도 할 수 있겠네요. 셀프 러브를 지닌 사람은 마음속에 여유가 있고 자기 자신을 소중하게 여기며, 삶을 온전하게 포용할 수 있어요. 이상하게도 우리는 타인에게는 항상 관대한 태도를 보이면서, 자신에게는 냉혹한 반응을 보이기도 해요. 하지만 타인이 아닌 자신에게 관대해지는 연습을 해야 해요. 힘들고 괴로울 때조차 스스로를 보듬어야 하고, 만약 실수를 하더라도 스스로를 용서해야 하죠. 이를 실천하기 위해서는 셀프 러브가 필수적이에요.

셀프 러브는 자신을 우선시하는 태도이기도 해요. 자신이 가진 장점과 재능을 직접 발견하고 확신할 수 있도록 도와주거나, 혹은 지금 가장 필요한 일이나 간절하게 바라는 일을 알려주는 역할을 해요. 셀프 러브가 부족한 사람은 자신의 잘못을 들추는 데 더 집중하는 경향이 있어요. 스스로를 다그치고 나면, 더 나은 사람이 되고 그제야 자신을 사랑할 수 있다고 생각하거든요. 어때요, 제 말에 공감이 되나요? 장담하건대 비하하거나 비판하는 행위를 통해 더 나은 사람이 될 수는 없어요. 오히려 점점 더 망가지기만 할 뿐이에요. 셀프 러브를 지닌 사람만이 더 나은 사람으로 성장할 수 있다는 사실을 기억하세요.

마음과 행동을 돌아보는 시간

그리 어려운 개념이 아닌데도, 셀프 러브를 실천하는 일은 생각보다 어려워요. 자신을 돌보는 행위는 이기적이라거나, 자신을 챙기는 여유는 사치일 뿐이라는 잘못된 신념을 가지고 있기 때문이에요. 내면화된 사회적 통념이나 어린 시절에 받은 상처, 깊게 뿌리박힌 트라우마가 작용했기 때문일 수도 있고요. 아니면, 그저 자신의 가치를 비하하며 자신을 가장 우선시하는 선택을 하지 않는 경우도 있어요. 자신이 가치 없는 사람이라는 생각은 수치심에 뿌리를 두고 점차 자라나요. 수치심 속에서 셀프 러브가 커지기는 어렵기 때문에, 셀프 러브를 실천하기 어려워지는 악순환이 반복되는 거예요.

우리가 오래전부터 어딘가에 연결되고 소속되는 데 익숙한 존재이기 때문에 셀프 러브를 실천하는 일이 어렵다는 견해도 있어요. 인간은 아주 먼 옛날부터 집단을 이루며 살아왔어요. 다 함께 모여 지내며, 공동체를 형성해 수렵과 채집으로 먹을 것과 마실 것을 모으고 안전한 공간을 구축했어요. 인간이 생존하는 데 있어 유대 관계와 연대감은 필수적이었죠. 이 같은 영향이 오늘날까지 계속 이어져, 다른 사람에게는 관대할 뿐만 아니라 자비와 연민을 쉽게 베풀면서도, 정작 시간과 노력을 들여 자신을 돌보는 일은 어렵게 느껴지는 거예요.

그렇다면 셀프 러브가 부족할 때, 삶은 어떻게 될까요? 다른 사람을 위해 희생하기만 하면 결국 자신 안에는 원망과 좌절만 남게 될지도 몰라요. 처음에는 자신을 내주며 다른 사람을 배려하는 것처럼 보일 수 있지만, 시간이 지날수록 자아감 상실을 경험하게 될 거예요. 자아감 상실은 자신의 생각이나 행동 따위가 자기의 것이라는 감정이 상실되는 현상이에요. 그렇게 점차 지치고, 마음이 상하고, 성취감을 느낄 수 없게 되죠. 또 자신을 비판적인 시선으로 바라보게 돼요. 이는 얼핏 자신을 성장시킬 수 있는 동기를 부여하는 것처럼 보이지만 결국 단절감과 후회, 외로움이라는 역효과를 가져와요.

셀프 러브를 실천하지 않으면, 불안한 인간관계를 맺게 되는 것은 물론 다른 사람의 비위를 맞추는 데 집중하거나, 중독에 빠지거나, 자신을 망가뜨리는 등 건강하지 못한 성향을 갖게 될 확률이 높아져요. 친구와 가족, 심지어는 원수에게도 하지 않을 말을 자신에게 거침없이 내뱉기도 하죠. 부정적인 생각이 축적되고 내면화되면서, 스스로를 더욱더 부정적으로 평가하게 될 거예요.

당신은 셀프 러브가 충만한 사람인가요, 아니면 셀프 러브가 부족한 사람인가요? 셀프 러브가 부족하다는 징후는 여러 가지 방식으로 나타날 수 있어요. 예를 들어 극심한 다이어트에 집착하거나, 심한 경우 거식증을 겪고, 강박적으로 체중을 재며, 소셜 미디어로 다른 사람과 자신을 비교하는 등 파괴적인 행동을 일삼기도 해요. 아마 자신의 몸에 불만을 가지고 있기 때문일 거예요. 혹은 오로지 타인으로부터 특별한 대우를 받거나 사랑을 느끼고 싶어서 아무 보람도 없는 노력을 하고, 건강하지 못한 인간관계에 연연하기도 해요. 삶의 원동력을 외부에서 찾는 것이죠.

그런가 하면, 때때로 완벽주의를 추구하는 방식으로 셀프 러브가 부족하다는 징후가 나타나기도 해요. 이 말이 이상하게 들릴 수도 있어요. 흔히 무언가를 이루고 성공하면 셀프 러브가 커질 것이라고 생각하잖아요. 하지만 완벽을 좇는 것으로 자신의 가치를 증명하려고 한다면, 안타깝게도 셀프 러브는 급정거하고 말아요. 이내 자신이 하찮은 존재라는 느낌에 사로잡히고 잘못된 길로 접어들게 되죠. 다들 이런 생각을 해본 적이 있을 거예요. '수학 시험에서 만점을 받으면 좋을 텐데, 십 킬로그램만 빠지면 좋을 텐데, 애인이 생기면 좋을 텐데…' 부족한 부분에만 집중하게 되면, 자신을 사랑할 수 없어요. 더불어 다른 사람 혹은 자신에게 자신의 가치를 증명하려고 애쓰는 일은 끝이 보이지 않는 데다 허탈감만 안겨줄 뿐이에요.

자신을 우선순위에 두지 않으면 '충분히 좋은 사람'이 되는 일에 급급해질 거예요. 체중계가 가리키는 눈금, 시험 점수, 친구 수와 같은 수치를 측정하며, 자신의 가치를 가늠하는 것이죠. 하지만 이 기준은 셀프 러브에 영향을 미치지 못해요. 진정한 셀프 러브는 내면에서 자라나거든요. 셀프 러브를 통해 평안을 찾고, 의미 있는 인간관계를 맺으며, 자신의 잠재력을 최대한 발휘할 수 있어요. 셀프 러브를 지닌 사람은 목표를 달성하지 못하거나 성공의 척도를 충족하지 못해도 여전히 빛을 낼 수 있는 힘을 가지고 있거든요.

마음과 행동을 챙겨야 할 시간

셀프 러브가 자연스럽게 자라나지는 않기 때문에 자신을 사랑하는 연습이 필요해요. 혹시 힘겨운 어린 시절을 보냈다면, 자신을 사랑하는 연습을 할 수 있는 기회가 없었을 거예요. 지금부터 시작해도 결코 늦지 않았어요. 어른이 되고 나서도 셀프 러브를 키울 수 있으며, 성장과 치유를 위한 새롭고 튼튼한 기반을 마련할 수 있어요. 종종 날이 무딘 버터나이프로 잡초를 베는 것 같은 기분이나 무성하게 우거진 수풀을 헤쳐 나가는 것 같은 기분이 들기도 할 거예요. 하지만 셀프 러브의 여정을 꾸준히 걷다 보면, 곧 쾌적하고 건강한 길이 나타날 거라는 사실을 기억하세요.

"자신의 컵이 비어 있으면 다른 사람에게도 나누어 줄 수 없다." 이 말은 타인에게 의미 있는 사람이 되기 위해서는 자신 안에 축적되어 있는 것이 아주 중요하다는 뜻이에요. 당신의 내면에 진정한 사랑이 없다면, 당연히 자신 너머로 사랑이 뻗어나갈 수 없을 거예요. 오직 다른 사람에게 가치 있는 사람이 되기 위해 바쁘게 뛰어다니며, 모든 사람을 만족시키고자 노력하는 것은 정말 피곤한 일이에요. 결국 고갈된 느낌만 남게 되는 일이기도 하고요. 자신을 위해서 그리고 타인을 위해서도 자신을 사랑하는 일은 중요해요. 셀프 러브는 내면에 필수적으로 갖추어야 할 마음가짐이라는 점을 꼭 기억하세요. 자신을 돌보고 자신에게 너그러워지는 연습을 하면, 삶을 살아가는 데 필요한 에너지를 충분히 얻을 수 있어요.

셀프 러브를 진정으로 실천할 때, 어떤 놀라운 일이 일어날지 상상해 보세요. 자신에게 품은 의심, 자신을 향한 날카로운 평가, 자신이 부족하다는 두려움을 모두 날려버리고 나면, 삶에는 어떤 변화가 찾아올까요? 온전하고, 활기 넘치고, 삶에서 맞닥뜨리는 상황을 전부 받아들일 준비가 되어 있는, 셀프 러브로 가득한 삶의 모습을 미리 상상해 볼 차례예요.

❖ **더욱 다정하고 관대해질 거예요.** 부모님이나 친한 친구, 선생님, 주변 사람을 대하듯, 스스로에게 사랑과 응원, 격려를 표현하면 마음속에서 평안과 여유를 누릴 수 있어요.

❖ **삶이 풍요로워질 거예요.** 시간과 공간을 따로 확보해서 자신을 계발하고 돌보는 연습을 하면 내면에서부터 끝없이 힘이 생겨요. 마치 물이 마르지 않는 우물처럼 말이에요.

❖ **다른 사람과 나눌 수 있는 사랑의 크기가 더 커질 거예요.** 식상한 말처럼 들리겠지만, 자신을 먼저 사랑하지 않으면 다른 사람을 사랑할 수 없어요. 다른 사람에게 지나치게 의존하거나 매달리게 될 수도 있고요.

자신을 사랑할수록 모든 인간관계를 긍정적으로 형성할 수 있어요.

❖ **사랑하는 사람과 더욱 건강한 관계를 맺게 될 거예요.** 셀프 러브를 실천하지 못하면 외부에서 결핍을 채우려고 하고, 그러다 보면 인간관계에 집착하는 결과로 변질돼요. 안타깝지만 서로 균형이 맞지 않는 관계는 지속하기 어려워요. 다른 사람이 자신을 행복하게 만들어주길 바라고 자존감을 느끼도록 도와주길 바라면서, 상대에게 일방적인 요구를 하게 되죠. 결국 후회와 씁쓸한 마음만 남게 될 거예요. 한편 셀프 러브는 인간관계에 있어서 건강한 역동성과 기대감을 가질 수 있도록 만들어요. 스스로 행복을 찾을 수 있는 사람만이 행복한 인간관계를 맺을 수 있는 법이죠.

❖ **외적인 성공 지표에 더 이상 의존하지 않을 거예요.** 목표를 달성하는 것은 당연히 좋은 일이에요. 다만 결과보다 중요한 것은 결과에 도달하는 과정이에요. 성공의 연료는 실패를 향한 두려움이 아니라 셀프 러브가 되어야 해요. 이로써 성공의 기쁨을 제대로 즐기고 누릴 수 있을 거예요.

명상하기

당신이 얻고 싶은 것을 명확하게 인지해야 해요. 명상을 통해, 마음속에서 들리는 시끄러운 소리를 잠재우고 천천히 긴장을 풀면서 지혜로운 내면의 소리를 들어보는 시간을 가지기로 해요.

가만히 앉아 있을 수 있는 조용한 장소를 찾고, 다음의 지침을 따라 해보세요.

1 살포시 눈을 감아주세요.

2 심호흡을 3번 반복하세요. 숨을 깊게 들이마셨다가 천천히 내쉬어요.

3 이 책을 왜 선택했는지 생각해 보세요. 이때 아주 사소한 자극이나 불편함이 느껴지지 않아야 해요.

4 이 책을 통해 얻고 싶은 것이 무엇인지 생각해 보세요.

5 자신을 온전히 사랑할 때, 어떤 느낌일지 떠올려보세요. 이때 신체와 호흡에서 일어나는 변화에 주목하세요.

6 편안한 상태가 되면 눈을 뜨세요.

자신을 사랑하기 위한 준비물

이 책과 함께 셀프 러브의 여정을 떠나기 위해서는 몇 가지 준비물이 필요해요.

❖ **시간을 들여야 해요.** 누구에게도 방해받지 않을 수 있는, 오로지 자신만을 위한 시간이 필요해요. 우리는 일상에서 다양한 역할을 맡고 있는 경우가 많아요. 이른바 멀티태스킹을 해야 하죠. 저는 워킹 맘인데, 아이를 업은 채 다른 아이에게 젖을 먹이는 동시에, 스파게티 소스를 끓이며 전화 회의에 참석한 적도 있어요. 스스로를 위한 자아 성찰을 하기에 쥐약이죠.

그럼에도 단 15분만이라도 혼자서 조용히 있을 수 있는 시간을 마련해 보세요. 평소보나 15분 일찍 일어나거나, 15분 늦게 잠드는 것도 괜찮아요. 아니면 화장실에 갈 때 이 책을 들고 들어가는 것도 좋고요.

❖ **볼펜이나 색연필, 만들기 재료가 있어야 해요.** 특히 색이 있는 볼펜이나 색연필을 추천해요. 색이나 질감이 특별한 필기구를 사용하는 것 자체만으로도 생동감이 더해지거든요. 다양한 만들기 재료를 사용하면, 이 책에 나오는 활동을 오래도록 기억할 수 있는 효과도 있어요.

❖ **적당한 장소를 찾아야 해요.** 마음을 편하게 가질 수 있는 장소를 찾는 일은 무척 중요하죠. 쿠션이나 담요가 있는 푹신한 의자에 몸을 맡겨도 좋고, 집에 특별히 조용한 장소가 있다면 그곳에 틀어박히는 것도 좋아요. 저를 찾아오는 사람 중에는 프라이버시를 위해 벽장에 들어가는 사람도 있어요.

❖ **온 감각을 깨워야 해요.** 향초를 켜고 감미로운 음악을 감상하는 것은 이 책에 나오는 활동의 효과를 극대화하는 데 도움이 될 거예요. 무드 있는 조명을 켜고, 편한 잠옷을 입고, 따뜻한 차를 마시는 것도 좋아요. 가장 중요한 것은 온 감각을 깨울 수 있는 환경과 루틴을 만드는 일이에요. 부드럽고 따뜻한 분위기는 셀프 러브의 길로 향하는 문을 열어주거든요.

❖ **열린 마음으로 자신의 약점을 인정해야 해요.** 가장 중요한 도구일지도 모르겠네요. 스스로에게 정직하고 진실하면 치유와 성장을 이룰 수 있어요. 행여 두려움이 밀려오거나 감당할 수 없는 감정이 피어오르면, 그저 그 느낌을 알아차리고 인식하는 것으로 충분해요. 마음이 흔들릴 때면 심호흡을 해보세요. 그리고 다시 셀프 러브의 여정에 집중해 보세요.

Self-Love

자신을 사랑하기 위한 마음가짐

험한 길을 만나기도 할 거예요. 돌부리에 채일 수도 있고 심지어는 넘어질 수도 있겠죠. 때로는 잡념, 회의감, 두려움, 너무 멋대로 행동하는 것은 아닌지에 대한 우려, 애초에 스스로를 사랑할 자격이 없다는 생각에 휩싸이더라도 인내심을 가져야 해요. 포기하지 마세요. 난관에 부딪히더라도, 아니 부딪힐수록 계속해서 나아가세요.

이 책에 나와 있는 활동이나 연습을 도저히 실천하지 못하게 되더라도 괜찮아요. 어떤 부분이 너무 어렵게 느껴지거나, 혹은 공감이 안 된다면 적당한 시기에 다시 시도해도 돼요. 자신에게 필요한 부분으로 바로 넘어가도 좋고요. 이 책은 온전히 당신을 위한 여정이거든요. 그래도 이 책을 읽는 시간만큼은 자기 자신을 이해하길 바랄게요. 앞으로 소개할 활동이나 연습은 혼자 해도 되고, 상담사와 함께 할 수도 있어요. 서로를 지지하고 응원하는 사람들이 모여 진행해도 좋아요.

치유에는 시간이 걸리는 법이에요. 진정한 변화를 얻기 위해서는 시간을 들여야 하죠. 어쩌면 쳇바퀴에 갇힌 느낌이 들 수도 있지만, 성장은 일직선으로만 이루어지는 게 아니에요. 올라가기도 하고, 내려가기도 하죠. 이 과정과 여정을 믿어보세요. 조바심이 생기거나 자신을 사랑하기 어렵다는 생각이 들더라도, 스스로에게 부드럽고 친절한 태도를 유지해야 해요. 애벌레가 나비가 되고 작은 씨앗이 꽃을 피우려면 몇 가지 단계를 거쳐야 하듯, 우리도 더 나은 사람이 되기 위해서는 진화하며 성장해야 해요. 몇 분 만에 끝나는 여정이 아닌, 오랜 시간에 걸쳐 나아가야 할 기나긴 여정이죠. 그 길을 걸어가는 매 순간마다 배움을 얻을 수 있어요.

자신을 진정으로 사랑하게 되면 삶의 많은 부분이 변할 거예요. 사회적 기준이나 다른 사람의 기대를 토대로 한 성공한 삶 대신 내면에서부터 원동력을 얻는 삶을 살아가게 된다면 어떨지, 아주 잠깐이라도 좋으니 지금 상상해 보세요.

테스트| 당신을 얼마나 사랑하고 있나요?

당신을 얼마나 사랑하고 있는지 알아보는 테스트예요. 다음의 질문을 읽고, 해당하는 점수(0점~5점)에 체크해 보세요. 총합을 계산하면 당신의 상태를 파악할 수 있어요.

0 전혀 그렇지 않다　1 거의 그렇지 않다　2 가끔 그렇다　3 자주 그렇다　4 대체로 그렇다　5 항상 그렇다

1　나는 가치 있는 사람이며 사랑받을 자격이 있다.

2　나는 스스로 특별한 존재라고 생각한다.

3　나는 인생의 목적이 있다.

4　나는 내가 필요한 것과 내가 바라는 것을 이야기할 수 있다.

5   나는 내 몸을 있는 그대로 받아들이고 사랑한다.

0 —— 1 —— 2 —— 3 —— 4 —— 5

6   나는 연애를 하지 않아도 결핍을 느끼지 않는다.

0 —— 1 —— 2 —— 3 —— 4 —— 5

7   나는 실수를 할 수 있다고 생각하며 내가 최고가 아니어도 괜찮다.

0 —— 1 —— 2 —— 3 —— 4 —— 5

8   나는 다른 사람의 기분만큼 내 기분도 중요하다.

0 —— 1 —— 2 —— 3 —— 4 —— 5

9   나는 다른 사람의 감정만큼 내 감정도 중요하다.

0 —— 1 —— 2 —— 3 —— 4 —— 5

10   나는 살면서 좋은 일을 겪을 자격이 있다.

0 —— 1 —— 2 —— 3 —— 4 —— 5

총합

40~50점 셀프 러브가 충만한 상태로, 지금처럼 성장하며 자신을 사랑하면 돼요.

30~40점 잘하고 있어요. 자신이 얼마나 특별하고 중요한 존재인지 계속해서 기억하세요.

20~30점 때로는 자신이 가치 있다고 생각하지만 때로는 자신이 하찮게 느껴지기도 하므로 자신을 믿는 연습이 필요해요.

10~20점 자신이 가치 있고 사랑받는 존재라는 사실을 믿지 못하고 있어요. 이 책과 함께 셀프 러브에 대해서 배울 수 있는 여정을 시작했으니, 너무 걱정하지 말아요.

0~10점 셀프 러브를 키우기 위한 새로운 토대를 준비해야 해요. 자신을 사랑할 자격은 충분하므로, 계속 이 책을 읽어나가길 바랄게요.

1장을 마치며

이제 막 셀프 러브를 위한 첫걸음을 내디디며 의지를 보여주고 용기를 발휘해 준 당신에게 너무 대단하다고 말해주고 싶어요. 1장을 통해 자신을 사랑해야 하는 이유를 깨달았을 거예요. 가장 중요한 단계를 마쳤으니, 이제 다음 단계로 나아가기로 해요. 2장에서는 본격적으로 자신을 사랑하기 위한 준비를 해볼 거예요.

도저히 집중이 안 되거나 유독 하기 싫은 날이 있더라도 포기하지 마세요. 어쩌면 그날들이 모여 필연적인 역할을 할 수도 있거든요. 출발점으로 다시 돌아오거나 중간에 멈추어도 괜찮고요. 올바른 방향으로, 계속 앞으로 나아가기만 하면 돼요. 특정한 목적지에 도달하는 것보다는 과정 자체가 중요해요. 셀프 러브는 진화의 과정이기도 하니까요.

"

나의 약점을 인정할 때 마법이 일어난다.

"

각 장의 마지막 페이지에는 짤막한 문장이 적혀 있어요. 긴장을 풀어주고, 정신을 집중시키며, 긍정적인 사고방식을 자극하는 문장이에요. 다음 장으로 넘어가기 전에, 호흡에 집중한 채 되뇌길 바라요.

셀프 러브를 실천하기 위한 준비

자신이 가지고 있는 자질과 재능을 누군가가 알아볼 때, 그 부분이 가치 있다고 생각한다. 우리는 누군가로부터 자신이 발견되고, 동경을 받고, 지배를 받길 갈망한다. 하지만 왜 다른 사람이어야만 하는가? 왜 당신이 직접 그 여정을 항해하고 탐험할 수 없는가? **비로니카 투갈레바**Vironika Tugaleva

지금부터는 구체적인 목표를 세우고, 자신을 사랑하는 방법을 배울 수 있도록 연습해 볼 거예요. 특히 자신의 약점을 드러내고 스스로에게 진실해지는 과정을 통해, 복잡하고 다양한 세상 속에서 우선순위를 정하는 방법을 알아볼 거예요. 이는 자신을 사랑하기 위한 준비 단계예요. 무척 중요한 과정이죠. 여행을 떠나기 전에 연료를 가득 채우고, 타이어에 바람을 팽팽하게 넣고, 엔진에 시동을 걸고, 안전벨트와 에어백을 확인하고, 점퍼 케이블을 준비하는 것과 비슷해요. 이제 본격적으로 출발해 볼까요? 당신은 그럴 만한 가치가 있는 사람이니까요.

어제보다 나은 오늘

혹시 어제 하루를 만족스럽게 보내지 못했다고 해도 괜찮아요. 매일매일 새롭게 시작되는 하루는 그 자체로 또 다른 기회이며 활기를 선사하거든요. 게다가 셀프 러브는 언제 시작해도 늦지 않아요. 그저 자기 자신에게 힘이 되는 말을 건네세요. 하루도 빠짐없이 자신을 향해 다정하고 사랑스러운 말을 건네는 모습을 상상해 보세요. 무엇이 달라질까요? 어떤 것이 다르게 느껴질까요?

처음에는 당연히 어렵고 어색할 거예요. 자신을 보살피는 일이 번거롭게 느껴지기도 할 테고, 때로는 너무 이기적인 것은 아닌지 걱정되기도 할 테죠. 하지만 계속 연습하다 보면 익숙해질 거예요. 그리고 셀프 러브를 실천하는 것이 아주 당연한 일처럼 생각될 거예요.

저 역시 셀프 러브를 방종하고 사치스러운 것이라고 생각한 시기가 있었어요. 일과 가족, 인간관계에 시간과 에너지를 쓰는 것만으로도 충분히 벅찬데, 자신을 챙기는 것은 무리라고 단정했지요. 하지만 풍요로운 삶을 살기 위해서는 손톱 관리를 받고 와인을 마시고 반신욕을 하는 것 말고도, 내면을 단단하게 만드는 연습을 해야 한다는 사실을 깨달았어요. 물론 긴장을 풀고 가끔씩 호사를 누리는 일도 필요해요. 하지만 진정으로 자신을 사랑하기 위해서는 자신을 더욱 솔직하게 바라보고, 자신의 가치를 명확하게 깨닫고, 자신에게 해롭고 파괴적인 패턴에서 벗어나 진실한 인생을 보내는 일에 집중해야 해요.

당신이 한 선택과 결정이 모이면 더 나은 사람이 되고, 더 나은 삶을 살아갈 수 있을 거예요. 더 나은 사람, 더 나은 삶을 위해서는 선택과 결정을 잘해야 되는데, 이때 정답은 없어요. 그저 각자에게 맞는 선택과 결정이 있을 뿐이죠. 그러므로 삶에서 우선순위를 정하는 것이 가장 중요해요. 이 일이 너무 막막하게 느껴진다고 해서 걱정할 필요는 없어요. 이 책을 통해 곧 알게 될 테니까요. 먼저 자신을 위해 마음을 쓰는 방법을 알아보기로 해요. 그다음 자신을 위해 시간을 보내는 방법을 자세히 살펴볼게요.

매일매일, 삶을 바꾸는 습관

셀프 러브를 '습관'으로 만들 수 있어요. 꾸준하게 연습하다 보면, 나중에는 저절로 자신을 사랑하게 되는 것이죠. 단기 기억(경험한 내용을 짧은 시간 동안만 의식 속에 유지하는 일)이 장기 기억(경험한 내용을 오랫동안 마음속에 받아들이는 일)으로 변하기 위해서는, 반복적으로 경험하고 학습해야 해요. 반복을 통해 뉴런이 활성화되면 뇌에서 점화되는 다른 뉴런과 연결되어 뇌로 정보를 전송하게 돼요. 뉴런들이 함께 얽히며 새로운 신경 회로망을 만들어내는데, 이때가 단기 기억이 장기 기억으로 바뀌는 순간이에요. 셀프 러브도 이와 마찬가지예요. 꾸준히 자신을 사랑하는 연습을 해나가면 자신을 사랑하게 될 거예요. 매일 양치를 하듯, 자신을 사랑하는 습관을 기르는 것이죠.

자, 이제 셀프 러브를 위해 매일매일 지켜야 할 일에 대해 살펴볼게요.

❖ **취약성을 드러내요.** 저는 상담 심리 치료사이기도 하지만, 동시에 아이를 키우는 양육자이기도 해요. 아이를 우선시하다 보면, 제가 스스로 소중하고 사랑받아야 하는 존재라는 사실을 종종 잊기도 하죠. 그리고 괜히 강한 척을 하게 돼요. 진실하지 못한 행동이라는 사실을 알고 있지만 어쩔 수 없다고 생각하는 거예요. 이처럼 우리는 취

약성을 감추려고 애쓰는 데 익숙하지만, 취약하다는 것은 결코 나약하다는 것이 아니에요. 오히려 취약성을 드러내고 인정해야만 더욱 강한 내면을 만들 수 있어요.

당신의 약점과 슬픔, 두려움과 더불어 당신이 부족한 사람이라는 감정을 인식하고, 의식적으로 그것들에 집중해야 해요. 취약성을 드러내는 연습은 때로는 벅차고 두려울 수 있지만, 자신의 모습을 있는 그대로 받아들이기 위해 반드시 필요한 과정이에요.

자신을 가장 처음 응원해 줄 수 있는 존재는 자기 자신이에요. 그다음에 가족이나 친구, 상담사 등 자신이 신뢰할 수 있는 사람을 찾아야 해요. 그들은 힘이 되어주고 당신의 여정을 함께해 줄 테니까요. 그러나 삶을 이끌어나가는 사람은 자기 자신이에요. 그렇기 때문에 스스로를 강하게 만들 수 있는 능력도 결국 자기 자신에게서 찾을 수 있다는 점을 기억하세요.

❖ **솔직하고 정직한 태도를 유지해요.** 남의 비위를 맞추거나 외적인 기준에만 신경 쓴다면, 진실한 삶에서 점점 더 멀어지게 될 거예요. 다른 사람이 실망하거나 불편해질 수 있는 상황에서도 자신의 생각을 말할 수 있어야 하며, 감정과 의견을 표현할 수 있어야 해요. 억눌린 생각과 감정은 슬픔과 불편함을 촉발시킬 수 있거든요.

부정적인 감정을 억누른다고 해서 그 감정이 사라지지는 않아요. 오히려 더 길게 맴돌고 더 강렬해지죠. 부정적인 감정이 오래 쌓이면 건강 문제가 발생하기도 해요. 혈압이 높아지고, 기억력이 흐릿해지고, 집중력이 떨어질 수도 있죠. 화를 표출하지 않고 해결하지도 않으면, 상황은 더 악화되기만 해요. 반대로 솔직하고 정직한 태도를 유지한다면, 당신이 지닌 재능을 인식할 수 있을 뿐만 아니라 그것을 세상과 나눌 수 있을 거예요.

❖ **자신을 우선시해요.** 도대체 어떻게 자신을 우선시할 수 있는지 의문이 들 수도 있어요. 하지만 이제껏 수많은 요구와 기대에 부응하며 살아왔는데, 지금부터는 자신을 우선시해 보는 것도 좋지 않을까요? 저는 업무 마감도 지켜야 하고, 공과금도 내야 하고, 장도 봐야 하고, 아이도 돌봐야 하고, 부모님과 사랑하는 사람, 그리고 친구도 챙겨야 하고, 심지어 강아지와 산책도 나가야 해요. 산더미처럼 쌓인 일을 해치우고 나서야, 비로소 저를 생각하게 되죠.

제 자신을 최우선으로 삼는 일은 사실 타고난 저의 성격과 본성, 사회생활을 통해 습득한 성질에 완전히 대립해요. 그렇기 때문에 오래도록 삶을 되돌아보고 반성하며, 스스로를 보살피는 연습이 필요했어요. 이로써 저에게 회복의 시간을 줄 수 있었죠. 또 평안과 기쁨을 누리기 위해서 감정적인 경계선과 물리적인 경계선을 세우는 방법을 배웠어요. 당신도 그 길을 찾게 되면 좋겠어요.

❖ **온전히 자신에게 집중할 수 있는 시간을 만들어요.** 자신을 돌보기 위한 시간을 따로 내는 일이 불가능하게 여겨지나요? 하지만 그리 어렵지 않아요. 저는 매일 10분씩 일찍 일어나요. 그리고는 침대에 누워 해가 뜨는 모습을 가만히 지켜보는 거예요. 이 순간에는 아무것도 안 해도 좋다는 사실이 가장 중요해요. 아니면 잠자리에 들기 전에 아무런 방해도 받지 않을 수 있는 공간에서 명상 음악을 듣거나, 따뜻한 물로 샤워를 하면서 물의 온도와 샴푸의 향기에 집중하기도 해요.

물론 조금 더 적극적으로 시간을 내기도 하죠. 러닝 머신에서 달리기를 하는 동안 넷플릭스를 마음껏 시청하는 거예요. 이때 스스로에게 보상을 해주는 기분이 들어요. 소소한 순간, 지금 이 순간에 최선을 다해야 해요. 당신을 대신할 수 있는 사람은 아무도 없어요.

하루 5분, 자신을 바꾸는 습관

삶을 나아지게 만들기 위해서는 대단한 일을 해야 한다고 생각하나요? 하지만 따뜻한 차 한 잔을 마시는 일이나 비누 향기에 흠뻑 빠지는 일, 얼굴에 와 닿는 햇빛을 느끼는 일까지, 당신을 돌볼 수 있는 기회는 언제나, 그리고 어디에나 있어요. 가끔 정신없이 바쁘거나 깊은 고민에 잠겨 있을 때는 이러한 기회를 쉽게 놓치죠.

오늘부터 매일 5분 동안 자신을 사랑하는 데 집중하기로 해요. 온전히 자신만 생각하며 현재의 순간을 충실하게 인식하는 거죠. 너무 짧은 시간처럼 느껴지나요? 막상 해보면 그렇지 않아요. 오히려 매일 5분 동안 시간을 내는 것이 어렵게 느껴질지도 몰라요. 이때는 일정한 시간을 정하는 것이 도움 될 거예요. 다들 참 바쁘게 살고 있잖아요. 주어진 일정을 소화하느라 분주하죠. 하루를 끝마칠 무렵이 되면, 자신을 챙길 수 있는 시간과 에너지가 소진되어 있기 마련이에요. 그래서 미리 자신을 위한 시간을 계획할 것을 추천해요.

만약 아침형 인간이라면 평소보다 10분 정도 더 일찍 일어나면 돼요. 그저 당신이 원하는 시간대를 정해도 좋아요. 저는 점심시간을 활용하는 편이에요. 이때 모든 방해 요소를 차단하죠. 바쁜 일정 속에서도 오로지 자신을 챙기는 시간을 끼워 넣고, 이를 우선순위에 두어야 할 필요가 있다는 사실을 기억하세요. 건강한 삶을 살아가는 데 있어 아주 중요한 첫걸음이 될 테니까요.

자신에게 집중할 준비가 되었다면, 생각과 감정, 오감을 인식하는 데 집중해 보세요. 밖으로 나가 자연을 느끼며 코로 숨을 깊게 들이마시고 천천히 입으로 내쉬어 보는 건 어때요? 폐가 공기로 가득 차는 감각을 느끼면서, 몸이 차분해지는 과정을 차근차근 따라가는 거예요.

눈을 감은 채 주변의 소리에 주의를 기울이는 일도 좋아요. 좋거나 나쁜 소리는 없어요. 소리는 그저 소리일 뿐이죠. 그리고 귓가에 들리는 소리를 묘사하세요. 오직 객관적인 사실만 묘사하는 거예요. 말로 표현해도 되고 기록으로 남겨도 좋아요. "시계가 째깍거렸고, 자동차 문이 닫혔고, 자동차가 부릉댔다."

혹은 촉각을 활용하는 활동도 추천해요. 손가락으로 머리카락을 뱅뱅 꼬거나, 팔을 부드럽게 문지르거나, 목을 주무르는 일은 안정감을 주는 효과가 있어요. 자신의 감각을 인지했을 때 편안한 기분이 드는지 확인해 보세요. 무의식적으로 행한다면 의미가 없는 행위이지만, 의식적으로 행한다면 내면에 굉장한 변화를 일으킬 수 있는 행위가 될 거예요.

그 외에도 아주 간단하고도 훌륭한 방법이 많은데, 그중 몇 가지를 추천할게요. 직접 자신만의 방법을 찾아보는 것도 좋아요.

1. 명상

명상은 감정적, 신체적, 정신적으로 굉장히 유익한 활동이에요. 스트레스 관리에도 도움이 되고 몸의 긴장도 풀어주죠. 명상은 실제로 스트레스 지수를 낮추기 때문에, 불안 장애나 만성 통증, 불면증, 고혈압, 염증성 질환, 긴장성 두통 같은 만성 질병은 물론 자가 면역 질환을 관리하는 데에도 효과가 있어요.

조금 더 깊은 명상에 잠기면, 오직 그 순간만 존재하는 듯한 느낌이 들어요. 창의성이 높아지고 새로운 아이디어가 떠오르며, 자신과 자신의 몸이 밀접하게 연결되어 있다는 감각을 느낄 수도 있어요. 명상을 통해 외부 환경 대신 자신에게 집중할 수 있기 때문이에요. 이때 몸을 편안한 상태로 유지해야, 자신과 조화를 이룰 수 있답니다.

가장 추천하고 싶은, 아주 간단한 명상 방법이 있어요. 먼저 인공 지능 스피커에 차분한 명상 음악을 틀어달라고 요청한 다음, 불을 다 끄고 향초를 켜는 거예요. 천천히 심호흡을 하면서 음악 소리에 집중을 해요. 그러다 어떤 생각이 떠오르면, 나중에 다시 생각할 수 있도록 잠시 마음속 한 귀퉁이에 있는 가상의 메모지에 적어두어요. 그리고는 다시 호흡과 음악에 집중해요. 복잡했던 생각과 마음에 평화와 안정이 찾아올 거예요.

어두운 밤이나 조용한 방에서만 명상을 해야 하는 것은 아니에요. 익숙해지면 심지어 지하철을 기다릴 때나 마트에서 줄을 서 있을 때, 또는 중요한 시험을 앞두고 있을 때처럼 언제 어디서든 명상에 집중할 수 있어요.

2. 시각화 명상

시각화 명상은 머릿속에서나 마음속에서 상상을 하면서 명상에 잠기는 거예요. 호흡과 집중을 통해 자신에게 차분하게 몰입한 뒤, 기분이 좋아지거나 편안해지는 이미지를 떠올려보세요. 그다음에는 그 이미지를 파노라마 장면처럼 기억하세요.

특히 계속해서 감각적인 인식을 연결해 나가는 것이 가장 중요해요. 예를 들어 '해변'이 떠올랐다면, 다음과 같이 생각하는 거예요. 먼저 눈앞에 바닷가가 펼쳐져 있다고 상상하고 눈에 보이는 이미지와 색깔에 집중하세요. 아마 뭉게구름이 가득한 푸른 하늘이나 청록색 바다가 아른거릴 거예요. 그리고 짭짜래한 바닷바람 냄새, 입가에서 느껴지는 소금기, 또는 익숙한 자외선 차단제 냄새를 그려보세요. 갈매기가 우는 소리나 파도가 철썩이는 소리에 귀를 기울여 보세요. 이번에는 얼굴에 와 닿는 따뜻한 햇살이나 시원한 바람을 느껴보세요. 고개를 왼쪽에서 오른쪽으로, 다시 오른쪽에서 왼쪽으로 돌려보세요. 평소에는 놓치고 있었던, 모든 색을 비롯한 미세한 것을 차분히 바라보세요.

3. 요가와 스트레칭

요가와 적당한 스트레칭은 몸의 중심을 바로잡아요. 스트레스를 받거나 불안감이 들면, 근육에 힘을 들어가면서 몸이 긴장 상태로 변하게 되죠. 이 같은 스트레스 반응은 실재적이거나 잠재적인 위협에 대응할 수 있도록, 다양한 뇌의 화학 물질이 대근육으로 전달되어 발생하는 자연스러운 신체 변화예요. 아주 오래전 인간이 무서운 짐승에게 쫓기는 상황에 놓였을 때, 위험으로부터 스스로를 지키기 위해 본능적으로 신체 변화가 일어나게 된 것이죠. 하지만 현대 사회에서는 물리적이거나 즉각적인 위협 상황이 거의 없기 때문에, 긴장 상태를 지속할 필요가 줄었어요. 하지만 여전히 그 본능이 남아 있어서, 스트레스를 받거나 불안감이 들면 몸이 긴장 상태로 변하는 거예요.

이 긴장 상태는 저절로 해소되지 않아요. 이를 완화할 수 있도록 도와주는 활동이 요가와 스트레칭이에요. 몸을 다정하게 치료하는 방법으로 볼 수도 있겠네요. 요가와 스트레칭을 할 때는 특히 호흡에 집중해야 해요. 칼로리를 소모하고 특정한 자세를 취하는 것에 중점을 두기보다 현재의 순간에 충실한 채로 몸을 부드럽게 움직여야 해요. 근육을 쭉 펴고 신체에 집중하면 긴장이 풀어지고 기분이 상쾌해질 거예요.

4. 호흡

자신을 사랑하기 위한 가장 단순하고 순수하며 효과적인 방법은 아마도 호흡일 거예요. 물론 우리는 매일 무의식적으로 호흡을 하고 있어요. 하지만 스트레스를 조절하기 위해 의도적으로 올바른 호흡을 연습하는 일은 자신에게 사랑을 표현하는 일과 같아요. 복잡한 생각을 차단한 채 숨을 들이마시고 내쉬는 행위에 집중할 때, 생기를 불어넣는 산소가 몸의 구석구석까지 공급될 수 있어요. 캄Calm이나 헤드스페이스Headspace 등 편안하게 호흡을 할 수 있도록 도와주는 훌륭한 애플리케이션이 많아요. 이를 활용한다면 호흡에 더욱 집중할 수 있을 거예요.

저는 횡격막에서부터 깊게 숨을 쉬는 복식 호흡을 선호해요. 한 손은 가슴 위에 올려놓고 다른 손은 배에 올려놓은 다음, 숨을 쉬어보면 자신이 지금 올바르게 호흡하고 있는지 알 수 있어요. 배가 먼저 부풀어 오른 다음에 가슴이 움직여야 해요. 스트레스를 받거나 불안감을 느끼면 호흡이 얕아지고 가슴으로만 숨을 쉬게 되거든요. 이때 느리고 깊게 호흡하면 즉각적으로 안정감을 느낄 수 있어요. 여기서 더 효과적인 결과를 얻고 싶다면, 심호흡을 하면서 긍정적인 주문을 외우면 돼요. 숨을 들이마시면서 머릿속으로 '나는 충분히 괜찮은 사람이야.'라고 생각하고, 숨을 내쉬면서 마음속에 있는 부정적인 감정과 가치관을 내보내는 거예요.

5. 그 외

간단한 활동도 많아요. 종이와 펜을 사용해 일상을 기록하는 것도 좋아요. 일정한 규칙을 정하지 않은 채, 자신의 감정과 그날 일어난 일을 간단하게 적어보세요. 또는 기상 알람을 10분 일찍 설정하는 건 어때요? 평소보다 딱 10분만 일찍 일어나, 휴대폰을 보지 않은 채 그냥 편안하게 누워서 포근한 침대를 즐기며 좋은 생각을 떠올리는 거예요. 친한 친구를 대하듯, 당신을 사랑으로 대하고 포근히 안아주는 연습을 하면서 말이죠.

오늘보다 나은 내일

자신의 몸을 챙기고, 자신이 좋아하는 일을 즐기고, 자신만의 시간을 보내는 것 모두가 셀프 러브의 연습이 될 거예요. 작은 일부터 시작해도 좋아요. 작은 일들이 모여 더 나은 삶을 만들 테니까요.

자신을 우선시하는 일을 어떻게 실천할 수 있을지 구체적으로 적어보세요. 쉽게 떠오르지 않는다면, 먼저 다른 사람에게 사랑을 표현하는 방법을 생각한 다음 그중에서 스스로에게 적용할 수 있는 방법을 써보는 것도 좋아요.

❖ **당신의 몸을 챙기는 방법 3가지**
예: 영양가 있는 음식 먹기, 따뜻한 물로 목욕하기, 편안하게 수면을 취하기

❖ **당신이 좋아하는 일을 즐기는 방법 3가지**

예: 취미 생활 찾기, 자연 속에서 시간 보내기, 책 읽기

❖ **당신만의 시간을 보내는 방법 3가지**

예: 일찍 일어나 커피 한 잔 마시기, 일기 쓰기, 소셜 미디어를 보는 횟수 줄이기

2장을 마치며

셀프 러브의 여정에 도움이 될 만한 책을 소개할게요. 브레네 브라운Brene Brown은 수치심, 취약성, 불안감 등에 대해 오래도록 연구한 심리 전문가예요. 그의 저서 《나는 불완전한 나를 사랑한다》를 읽으면, 자신의 감정을 포용하는 것을 통해 삶의 목적을 찾을 수 있다는 사실을 깨달을 거예요. 2010년 텍사스에서 진행한 테드 강연 '취약성의 힘The Power of Vulnerability'도 도움이 될 거고요. 세계적인 심리 치료가이자 베스트셀러 저자 루이스 헤이Louise Hay의 책도 추천해요.

2장을 통해 셀프 러브의 여정을 떠날 준비를 모두 마쳤어요. 2부에서는 구체적으로 자신을 사랑하는 방법을 알아보고, 직접적으로 효과를 얻을 수 있는 활동도 해볼 거예요. 이로써 셀프 러브에 대해 더욱 자세히 알아가며, 자신을 되돌아볼 수도 있을 거예요. 셀프 러브는 의도적인 연습을 통해 얻을 수 있다는 사실을 기억하세요.

"

나는 나를 사랑할 자격이 있다.

"

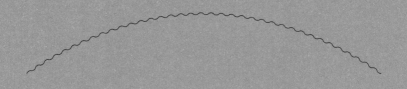

당신은 오랫동안 스스로를 비판해 왔지만
그 효과를 보지 못했다. 이번에는 스스로를 인정해 보고
어떻게 변화하는지 확인할 차례이다.

루이스 헤이

2부에 오신 것을 진심으로 환영해요. 이제부터 본격적인 탐험을 시작할 텐데, 정말 흥미롭고 재미있을 거예요. 그동안 해보지 못했던 일과 떠올리지 못했던 생각을 하게 될 테니까요. 먼저 자신을 깊이 이해하고, 그다음 다양한 활동과 연습을 통해 셀프 러브에 대해 배울 수 있을 거예요.

자기 인식Self-Awareness, 자신을 알아가는 연습

천 리 길도 한 걸음부터. **노자**

'셀프 러브'라는 단어를 보면, 어떤 생각이 떠오르나요? 셀프 러브의 개념 자체가 생소한 사람도 있을 거예요. 자신을 사랑하는 방법을 배울 수 있다는 사실조차 잘 받아들이지 못하는 사람도 있어요. 어린 시절에 트라우마를 겪었거나 비수용적 환경에서 자랐다면, 자신의 생각이나 감정은 그다지 중요하지 않은 것으로 치부하는 가치관이 내면화되어 있을 수 있거든요. 사랑받지 못하는 느낌을 받았을 때나 자신이 부족한 사람이라는 생각이 들었던 순간이 자꾸만 떠오르기 때문이에요. 이로 인해 수치심이 느껴지고 삶이 무력해지기도 할 거예요. 심지어 자신을 사랑하기 위해 그동안 쏟아부었던 노력과 그 결실이 순식간에 무너지기도 하죠. 그렇기 때문에 두려움을 비롯해 내면에 단단하게 자리 잡은 부정적인 감정은 반드시 짚고 넘어가야 해요. 그 과정에서 과거의 강렬한 감정이나 기억이 떠오른다면, 정신 건강 전문가나 믿을 수 있는 친구, 또는 사랑하는 사람에게 도움을 요청하세요.

지금부터 당신이 어떤 상태인지 스스로 파악하고, 당신이 이루고 싶은 목표를 찾아볼 거예요. 이 책에 나오는 활동은 순서를 바꾸어 진행해도 좋아요.

구체적인 목표 설정하기

❖ **이 책을 통해 이루고 싶은 목표는 무엇인가요?**

예: 개인적 성장, 내면의 평화, 건강한 인간관계

❖ **목표를 이루기 위해 일상에서 할 수 있는 일은 무엇인가요?**

예: 매일 10분씩 자신을 사랑하는 연습하기

❖ **목표를 이루는 데 방해가 될 만한 내적 요소와 외적 요소는 무엇인가요?**

예: 트라우마, 부정적인 생각, 건강하지 못한 인간관계

❖ **목표를 이루는 데 도움을 줄 수 있는 사람은 누구인가요?**
예: 가족, 친구, 연인, 반려동물

❖ **목표를 이루었다는 사실은 어떻게 알 수 있을까요?**
예: 자신감 상승, 자신을 사랑하는 습관

테스트 | 당신에 대해 얼마나 잘 알고 있나요?

당신에 대해 얼마나 자세히 알고 있는지 알아보는 테스트예요. 다음의 질문을 읽고, 해당하는 점수(0점~5점)에 체크해 보세요. 당신의 상태를 파악할 수 있어요.

0	1	2	3	4	5
전혀 그렇지 않다	거의 그렇지 않다	가끔 그렇다	자주 그렇다	대체로 그렇다	항상 그렇다

1   나는 내 감정이 타당하다고 생각한다.

2   나는 내 요구와 바람도 다른 사람의 요구와 바람과 마찬가지로 중요하다고 생각한다.

3   나는 내가 필요한 것을 다른 사람에게 요청하거나 부탁할 수 있다.

4   나는 혼자서도 즐겁게 시간을 보낼 수 있다.

5   나는 내가 좋아하는 나의 모습 5가지를 어렵지 않게 적을 수 있다.

0 ——— 1 ——— 2 ——— 3 ——— 4 ——— 5

6   나는 스스로를 향해 부정적인 말을 하지 않는다.

0 ——— 1 ——— 2 ——— 3 ——— 4 ——— 5

7   나는 친한 친구나 연인에게 말하듯, 나에게도 말을 건넨다.

0 ——— 1 ——— 2 ——— 3 ——— 4 ——— 5

8   나는 익숙함에서 벗어나 모험하는 것을 좋아한다.

0 ——— 1 ——— 2 ——— 3 ——— 4 ——— 5

9   나는 다른 사람이 동의하지 않을 수도 있는 의사 결정을 내릴 수 있다.

0 ——— 1 ——— 2 ——— 3 ——— 4 ——— 5

10   나는 주기적으로 운동을 한다.

0 ——— 1 ——— 2 ——— 3 ——— 4 ——— 5

11   나는 영양가 있는 음식을 먹는다.

0 ——— 1 ——— 2 ——— 3 ——— 4 ——— 5

12   나는 새로운 시도를 하고 새로운 사람을 만나는 것을 즐긴다.

13   나는 다른 사람이 나의 의견에 동의하지 않아도 괜찮다.

14   나는 혼자 영화를 보거나 혼자 음식점에서 밥을 먹어도 편안하다.

결과

각 문항의 점수를 살펴보세요. 대체로 낮은 점수(0점~2점)를 선택했나요, 아니면 높은 점수(3점~5점)을 선택했나요? 이때 올바른 정답은 없어요. 그저 당신의 상태를 정확하게 파악하는 일이 중요해요. 이를 통해 더 개발하거나 개선해야 하는 부분, 집중해야 하는 특정한 영역을 찾을 수 있을 테니까요.

힘이 되어주는 음악과 문장 모으기

저는 사춘기 시절부터 좋아하는 노래를 모아, 저만의 플레이리스트를 만드는 일을 좋아했어요. 한 카세트테이프에는 '힘이 되어주는 노래'라는 제목을 붙였어요. 여성의 생각과 목소리가 담긴 노래로 구성되어 있었죠. 카세트테이프라니, 제 나이가 가늠이 되죠? 여전히 저에게 힘이 되어주는 노래들이에요.

당신을 사랑하는 마음을 응원해 줄 플레이리스트, 즉 당신만의 사운드트랙을 만들어보면 어떨까요? 이 책을 읽는 동안 재생해도 좋고 아니면 기운을 내고 싶을 때 들어도 좋아요. 음악은 영감을 주고 고된 순간을 나아지게 만드는 강력한 도구가 될 수 있거든요.

예   글로리아 게이너Gloria Gaynor 〈I Will Survive〉

레이첼 플랫튼Rachel Platten 〈Fight Song〉

앨리샤 키스Alicia Keys 〈Girl On Fire〉

샤카 칸Chaka Khan 〈I'm Every Woman〉

아레사 프랭클린Aretha Franklin 〈Respect〉

크리스티나 아길레라Christina Aguilera 〈Beautiful〉

메리 제이 블라이즈Mary J. Blige 〈Just Fine〉

레이디 가가 Lady Gaga 〈Born this Way〉

리조 Lizzo 〈Juice〉〈Good as Hell〉 또는 리조의 다른 곡들

돌리 파튼 Dolly Parton 〈9 to 5〉

긍정적인 생각을 할 수 있도록 마음을 잡아주는 아주 좋은 메시지가 많아요. 단순하고, 그럴듯하고, 공감대가 느껴지는 문장일수록 오래도록 기억에 남죠. 이 문장을 눈으로만 읽지 말고 소리 내어 말해보세요. 처음에는 어색할 수도 있지만, 연습을 하다 보면 그저 '좋은 문장'에 그치는 것이 아니라 '마음을 움직이는 힘이 있는 문장'이 될 거예요.

매일 아침, 거울을 보면서 뜻깊은 문장을 큰 소리로 말해보세요. 처음에는 다음의 문장으로 연습해도 좋아요. 그다음 당신만의 문장을 만들어보세요.

예   나는 사랑과 소속감을 누릴 자격이 있다.

나 자신을 사랑하는 것은 다른 사람을 사랑하는 것만큼이나 중요하다.

내가 필요하고 바라는 것을 다른 사람에게 요청해도 괜찮다.

내 감정은 타당하다. 감정을 느끼는 방식에 옳고 그름은 없다.

내 요구를 충족시킨다고 해서 이기적이라고 생각할 필요는 없다.

머릿속의 기억 전환하기

스스로가 작게 느껴졌거나 초라하게 생각되었던, 가장 오래된 기억을 떠올려보세요. 그때의 경험을 묘사해 보세요. 만약 글로 표현하기가 어렵다면, 그림으로 그려도 좋아요.

스스로가 자랑스러웠거나 사랑스러웠던, 가장 최근의 기억을 떠올려보세요. 그때의 경험을 묘사해 보세요. 무슨 일이 있었고, 어떤 생각을 했었나요? 그 당시의 기분을 떠올리면서 적어보세요.

이제 과거의 당신과 대화를 해볼 거예요. 앞서 떠올린 긍정적인 기억 속 당신이 부정적인 기억 속 당신에게 말을 걸어보기로 해요. 다른 사람의 시선이나 생각에 얽매이지 말고, 당신에게 중요한 일에 집중하길 바란다고 말하는 건 어때요? 스스로에게 꼭 해주고 싶은 말을 적어보세요.

마음속의 감정 전환하기

누구나 기분이 안 좋아지거나 불편해지는 상황을 맞닥뜨려요. 같은 상황이라도, 누군가에게는 대수롭지 않은 일이지만 누군가에게는 굉장히 부담스러운 일이기도 할 거예요. 당신이 부정적인 감정을 느끼는 상황에 체크해 보세요. 빈칸에는 당신이 부정적인 감정을 느끼는 상황을 직접 적어보세요.

새로운 사람을 만날 때

다른 사람 앞에서 밥을 먹을 때

온라인 데이트를 할 때

수영복을 입을 때

잡지에 나오는 화려한 화보를 볼 때

부정적인 감정은 어린 시절의 경험이나, 사회적 통념 혹은 가족 관계나 연인 관계로부터 비롯했을 수 있어요. 과거의 일은 현재의 자신에게도 많은 영향을 미치기 마련이거든요. 셀프 러브에 방해가 되는 부정적인 감정이나 생각 5가지를 적어보세요.

예   이번에 승진을 못 하면, 나는 그 정도밖에 안 되는 사람인 거야.

다른 사람에게서 들은 칭찬의 말을 적어보세요. 그 말은 스스로에게 자신감이나 자존감을 북돋아 주었을 수도 있고, 아니면 아예 믿지 못했을 수도 있어요. 지금 당장 믿어야 할 필요는 없지만 당신의 가치를 발견하는 발판이 될 수도 있다는 사실은 분명해요. 쉽게 떠오르지 않는다면, 지금 친구나 사랑하는 사람에게 당신의 장점이 무엇인지 물어보아도 좋아요.

칭찬의 말을 떠올리는 활동을 통해, 부정적인 감정을 극복할 수 있을 뿐만 아니라 긍정적인 감정을 가질 수 있을 거예요.

신체 이미지 향상시키기

신체 이미지는 한 개인이 자신의 신체에 가지는 주관적인 이미지를 뜻해요. 잡지 광고를 볼 때, 포토샵으로 보정된 모델의 사진을 볼 때, 영화나 뮤직비디오 속에 나오는 여성의 모습을 볼 때, 바비 인형 같은 장난감을 볼 때…. 당신은 어떤 감정이 드나요?

아마 자신의 몸과 비교하며, 자신의 몸에 만족하지 못하는 사람이 많을 거예요. 하지만 이는 개인의 가치관이 반영되어 나타나는 감정이 아니에요. 특히 여성은 잘못된 사회적 통념이나 정형화되어 있는 인식 때문에 자신의 몸에 불만을 품게 되는 경우가 많아요.

여성은 사회의 일원으로서 성평등을 이루기 위해 노력했으며, 능동적으로 더 나은 사회를 만들어나가고 있어요. 그럼에도 불구하고 여전히 사회는 천편일률적인 미의 기준을 여성에게 강요해요. 이로써 개인의 가치관을 결정하고 개인의 가치를 판단하는 데 영향을 미치는 셈이에요. 하지만 우리는 모두 소중한 존재라는 점을 기억해야 해요. 셀프 러브를 실천하기 위해서는 당신의 몸도 사랑해야 해요.

❖ **사회가 강요하는, 잘못된 미의 기준을 적어보세요.**

예: 언제나 보기 좋은 외모를 유지해야 한다, 주름이 생기고 살이 찌면 매력이 없다.

❖ **당신의 몸에 대한 생각과 감정을 적어보세요. 이때 부정적인 생각과 감정이 든다면 앞서 적은 내용을 다시 살펴보세요. 잘못된 미의 기준을 당신에게 적용하고 있는 것은 아닐까요?**

잠시 눈을 감고, 수영장이나 해변에서 수영복을 입고 있는 당신의 모습을 상상해 보세요. 어떤 신체 부위가 신경 쓰이나요? 어떤 신체 부위가 마음에 드나요?

신체 이미지는 셀프 러브에 분명 큰 영향을 미쳐요. 하지만 몸 자체가 아니라, 몸을 어떻게 생각하는지가 더욱 중요해요. 자신의 몸을 있는 그대로 받아들이고 더 나아가 사랑해야 하죠. 자, 지금부터 몸에 대한 생각의 변화를 이끌어낼 수 있는 간단하면서도 효과적이고 강력한 방법을 소개할게요.

수영장이든 해변이든지, 장소에 상관없이 당신이 있는 곳에서 일어나는 경험 자체에 에너지를 쏟는 거예요. 당신의 몸이 아니라 서핑이나 독서, 혹은 상어 이빨을 찾는 일이나 아이들과 게임을 하는 일 등 상황에 집중해 보세요. 몸에 집착적으로 주의를 기울이는 대신, 감각적 체험과 몸을 움직일 수 있는 온갖 재미있는 방법에 의도적으로 관심을 가져보세요. 그곳의 분위기 자체를 즐겨보고요. 무엇이 보이거나 들리나요? 어떤 냄새와 맛이 나나요? 어떤 촉감이 느껴지나요? 모든 감각을 활용해 당신의 관심을 다른 곳으로 유도했을 때의 경험을 적어보세요.

시각화 명상하기

시각화 명상을 통해, 당신의 몸에 집중하고 당신의 몸을 소중하게 여기는 연습을 해볼 거예요. 이때 당신의 감각에 집중하는 것이 가장 중요해요.

1. 조용한 장소에 편안하게 앉아, 호흡에 집중해 보세요. 4초를 세면서 천천히 숨을 들이마시고, 4초를 세면서 숨을 멈추고, 4초를 세면서 숨을 내쉬어요.

2. 몇 번 반복해요. 긴장을 최대한 풀어주면서, 더 편한 자세를 찾아요.

3. 안정감을 느끼는 색깔을 떠올려보세요. 그 색깔로 된 안개를 들이마신다고 상상하면서 숨을 깊이 들이마셔요. 안개가 머리 주변을 빙글빙글 돌며 당신을 감싸고 있다고 상상해 보세요.

4. 이번에는 안개를 가슴과 복부로 보낼게요. 안개가 팔다리를 통과하면서 손가락과 발가락 끝을 간질이고 있다고 생각해 보세요. 사랑을 품고 있는 안개는 몸 구석구석을 돌며 당신의 몸을 물들이고 있어요.

5. 안개가 심장을 휘감으면서 더욱 색깔이 진해지는 장면을 그려보세요. 그 속에서 온기를 느껴보고, 당신을 감싸고 있는 치유의 감정을 집중해서 느껴보세요.

6. 몇 분 동안 혹은 원하는 시간 동안 이 시각화 명상을 반복하세요.

스스로에게 응원의 메시지 보내기

지금 우리는 셀프 러브를 연습하고 있는 중이에요. 평소에 자주 하지 않던 새로운 일이기 때문에, 어느 순간 의욕을 잃기도 하고 지속하는 데 어려움을 느낄 수도 있어요. 힘든 하루를 보냈을 때나 셀프 러브의 여정을 포기하고 싶어질 때, 마음을 잡아줄 수 있도록 스스로를 사랑해야 하는 이유를 적어보세요.

당신이 가치 있는 사람이라는 사실을 알려주는 단순하고도 직관적인 메시지 5가지를 적어보세요. 접착식 메모지에 적은 다음 거울이나 노트북 등 눈에 잘 보이는 곳에 붙여, 자신감이 떨어지거나 당신의 가치를 떠올려야 할 때마다 확인해도 좋아요.

예   나는 사랑을 누릴 자격이 있다.

나는 나를 사랑하는 방법을 매일 배우고 있다.

나의 감정과 생각은 그 무엇보다 중요하다.

취향과 재능, 장점 파악하기

셀프 러브를 실행하기 위해서는 스스로에 대해 제대로 알아야 해요. 가치관은 물론 삶에서 당신이 중요하게 생각하는 것을 속속들이 이해해야 하죠.

가장 좋아하는 계절, 혹은 가장 즐거웠던 추억을 떠올려보세요. 그리고 당신에게 즐거움과 평안, 호기심, 신나는 자극을 안겨주는 일을 적어보세요. 그림으로 그려도 좋고, 사진을 붙여도 좋아요. 이를 통해 당신을 타인과 다른 유일한 사람으로 만들어주는 것이 무엇인지 알 수 있을 거예요.

당신이 무엇을 좋아하고 무엇을 싫어하는지 잘 알고 있나요? 아주 세세한 것까지 말이에요. 지금 가장 좋아하는 것을 적어보세요.

❖ 가장 좋아하는 달달한 간식:

❖ 가장 좋아하는 짭짤한 간식:

❖ 가장 좋아하는 음료수:

❖ 가장 좋아하는 운동:

❖ 가장 좋아하는 장소:

❖ 가장 좋아하는 사람:

❖ 가장 좋아하는 취미:

❖ 가장 좋아하는 시간:

❖ 가장 좋아하는 책:

❖ 가장 좋아하는 영화나 TV 프로그램:

❖ 가장 좋아하는

❖ 가장 좋아하는

❖ 가장 좋아하는

❖ 가장 좋아하는

당신이 지닌 재능과 장점을 인지하는 것도 중요한 일이에요. 당신의 재능과 장점 5가지를 적어보세요. 다만, 좋은 어머니, 다정한 친구, 착한 후배와 같은 역할을 나열하지는 마세요. 한 개인으로서 당신을 가치 있게 만들어주는 재능과 장점을 생각해 보세요.

당신이 가진 재능과 장점 중에서 가장 자랑스러운 것은 무엇인가요? 유머 감각이 있을 수도 있고, 의사소통 역량이 뛰어날 수도 있겠죠. 아주 성실한 사람일 수도 있고요. 아마 당신에게는 대단한 능력이 있을 거예요.

당신의 모습을 더 객관적으로 알고 싶다면, 성격 검사나 MBTI 검사를 하는 것이 도움 될 거예요. 이를 통해 여러 사람과 어울리며 노는 것보다 혼자 시간을 보내는 것을 좋아하는 사람인지, 강의를 듣는 것보다 운동을 하는 것을 좋아하는 사람인지 알 수 있죠. 어쩌면 마음에 들지 않는 결과가 나올 수도 있어요.

하지만 당신의 성격은 당신이 지닌 특징일 뿐이에요. 좋은 성격과 나쁜 성격으로 구분할 수 없는 것이죠. 당신의 성격을 있는 그대로 인정하게 된다면, 스스로를 다른 사람의 기준으로 평가하지 않을 거예요. 게다가 당신을 더 좋은 방향으로 이끌 수도 있고요.

MBTI 검사를 해볼 수 있는 웹 사이트16Personalities.com, 에니어그램 유형을 알아볼 수 있는 웹 사이트EnneagramTest.net 혹은 enneagram-app.appspot.com를 통해서 자가 진단을 해볼 수 있어요.

❖ **당신의 MBTI:**

_____

_____

❖ **당신의 에니어그램:**

_____

_____

3장을 마치며

3장에서는 당신의 몸을 긍정할 수 있는 활동과 연습을 했는데, 어떤 생각이 드나요? 아마 하루아침에 신체 이미지를 바꾸기는 어려울 거예요. 이때 도움이 될 만한 것이 있어요. 2012년 타린 브럼핏Taryn Brumfitt이 제작한, 몸과 피부색 등을 불문하고 자신의 몸을 사랑하기 위한 여성들의 여정을 그려낸 다큐멘터리《임브레이스》예요. 전 세계적으로 자신의 몸을 받아들여야 한다는 목소리가 높아지고 있고, 많은 사람들이 이에 동의를 하고 지지를 보내고 있어요. 타린 브럼핏은 이 같은 변화를 주도적으로 이끌어나가는 사람 중 한 명이죠. 그의 이야기가 당신의 몸을 사랑하는 데 도움 될 거예요.

자기 인식을 통해 스스로를 있는 그대로 받아들이는 자세와 스스로에게 감사하는 마음을 지니는 태도를 연습했어요. 이는 셀프 러브를 실현하는 데 있어 정말 중요한 역할을 하죠. 지금쯤이면 자신을 사랑하는 일에도 시간과 노력이 든다는 사실을 알게 되었을 거예요. 이제 당신에게 너그러워질 차례예요. 4장에서는 자기 자비에 대해 알려줄게요.

"

진심으로 나 자신을 사랑한다.
나의 단점까지도 모두 다.

"

자기 자비Self-Compassion, 자신을 친절하게 대하고 존중하는 태도

나 자신에게 마음에 안 드는 점을 발견할 때마다, 아니면 내 인생이 꼬일 때마다 조용히 되뇐다. "지금은 고난의 순간이다. 고난은 내 인생의 일부다." 이 순간에도 나 자신에게 다정할 수 있기를, 나 자신에게 필요한 자비를 내가 베풀 수 있기를. **크리스틴 네프**Kristen Neff

---

자기 자비는 자신을 친절하게 대하고 존중하는 데 중점을 두는 마음가짐이에요. 과거의 트라우마나 실수를 인식하고, 분노와 상처, 슬픔 같은 감정을 극복하기 위해 필요하죠.

우선 자기 자비와 자존감을 구분할 필요가 있어요. 누구나 자신이 성취한 목표나 자신이 지닌 긍정적인 자질에 대해서 기분 좋은 감정을 느껴요. 이때는 자존감이 충만해질 거예요. 하지만 고난의 순간을 맞이하기도 하는데, 이때는 자존감보다 자기 자비가 더 큰 힘을 발휘할 거예요. 스스로에게 관대한 자기 자비는 부정적인 가치관을 끊어내고, 혼란스러운 감정을 안정시키며, 실망스러운 과정 속에서도 스스로에게 응원과 격려를 보내도록 도와주기 때문이에요.

다른 관점으로 생각하기

자기 자비를 연습할 수 있는 가장 좋은 방법이 있어요. 사랑하는 친구를 당신이 어떻게 대하는지 생각해 보는 거예요. 고민을 털어놓는 친구에게 어떤 위로의 말을 건넬지 적어보세요. 이로써 친구에게 말하듯 스스로에게도 말해주어야 한다는 사실을 기억할 수 있어요.

❖ **실수를 하는 바람에 직장에서 잘렸어.**

❖ **소중한 사람이 나를 떠났어.**

❖ 자격이 부족해서 직장에 입사하지 못했어.

❖ 내 친구들이 나만 빼고서 자기들끼리 놀았어.

❖ 앞으로 옷을 한 사이즈 크게 입어야 해.

순수하고 깨끗한 어린아이들은 정말 놀라운 존재예요. 잠깐 시간을 들여, 실수를 저지른 어린아이를 당신이 어떻게 대하는 생각해 보세요. 때때로 당신에게 냉정하게 말하듯, 어린아이에게 말할 수 있을까요? 아마도 아닐 거예요.

먼저 당신이 실수를 저질렀던 상황을 떠올린 다음, 스스로를 탓하며 자책했던 생각을 어린아이를 대하듯 조금 더 온화하게 전환해 적어보세요.

예	상황	휴대폰을 땅에 떨어뜨렸다. → 나는 왜 이렇게 덤벙대지.
	생각의 전환	휴대폰이 망가진 것도 아니잖아. 휴대폰을 떨어뜨리는 사람이 이 세상에 나만 있는 것도 아니니까 괜찮아.

❖ **상황**

_____

생각의 전환

_____

_____

❖ **상황**

_____

_____

생각의 전환

❖ 상황

생각의 전환

❖ 상황

생각의 전환

❖ 상황

생각의 전환

스스로를 비하하는 데 익숙한 사람이 많아요. 하지만 내면의 독설가와 맞서, 부정적인 생각을 긍정적인 생각으로 바꾸어야 해요. 부정적인 생각을 조금 더 다정하고 부드럽게 바꾸어 적어보세요.

❖ **나는 언제나 부족한 사람이야.** ⇨

❖ **아무도 나를 사랑하지 않을 거야.** ⇨

❖ **나는 일을 제대로 해내는 법이 없어.** ⇨

❖ **나는 현명한 선택을 하지 못했어.** ⇨

❖ **이번 일은 망했어.** ⇨

❖ _____ ⇨

❖ _____ ⇨

❖ _____ ⇨

우리는 모두 불완전한 존재이기 때문에 저마다 결점을 가지고 있어요. 자기 자비를 진정으로 이해하고 실천하기 위해서는 당신의 결점을 인정해야 하죠. 인정하는 것에서 더 나아가, 결점을 다정하게 받아들일 수 있어야 하고요. 당신의 단점 5가지를 적어보세요. 그리고 당신이 불완전한 존재라는 사실을 완벽하게 받아들이는 말을 적어보세요.

예	나는 늘 주변을 어지르고 바닥에 부스러기를 흘려.	좀 어지르면서 살아도 괜찮아.
❖		
❖		

고통과 어려움 마주하기

크리스틴 네프 박사는 자기 자비의 필수 요소를 정의했으며, 자기 자비 분야를 선도하고 있는 심리학자이자 전문가예요. 그는 고난을 인간이 살아가는 데 겪을 수밖에 없는 일부로 규정했어요. 아픔과 고통은 인간을 인간답게 만들기도 하거든요.

인간이 보편적으로 겪는 고난, 아픔, 고통을 받아들이기로 해요. 이는 외면할 수도 없고, 외면한다고 해서 사라지지도 않거든요. 고난을 겪는 것은 자연스러운 것인 데다, 당신은 아주 근사한 사람이에요. 다음의 상황 중에 당신이 겪어본 일에 체크해 보세요. 이때 누구나 살아가면서 경험할 수 있는 일이라는 점을 기억하길 바라요.

사랑하는 사람의 죽음	농담을 던졌는데 아무도 웃지 않는 상황	소중한 물건을 망가뜨린 실수
망쳐버린 시험	감염병으로 인한 격리 생활	우정이 깨진 경험
혼자라는 생각이 드는 순간	뒤처지는 느낌	(지갑 등) 중요한 물건을 잃어버린 일
연인과의 이별	늘어난 체중	

어려움을 겪었을 때, 혹은 실망과 거절, 실패를 마주했을 때를 떠올려보세요. 학창 시절 연극에서 주인공 역할을 따내지 못한 경험일 수도 있고, 애인과 헤어진 경험일 수도 있겠죠. 당신이 바라던 일자리를 얻지 못한 경험일 수 있고요.

이제 그때의 당신에게 편지를 보낼 거예요. 다음의 빈칸을 채워 편지를 적어보세요.

에게.

(이름을 적으세요)

네가 겪을 때

(상황을 적으세요)

내가 너를 믿고 응원하고 있었다는 사실을 알아주면 좋겠어.

사람은 누구나 가끔씩 힘든 시간을 보내기 마련이야.

이번에는 때문에 힘들었지?

(힘들었던 이유를 적으세요)

느꼈을 텐데, 괜찮아. 당연한 거야.

(느꼈던 감정을 적으세요)

그러한 감정을 느껴도 괜찮다는 사실을 네가 알게 되면 좋겠어.

왜냐하면 　　　　　　　　　　　　　　　　　　　　　　　　．

(괜찮은 이유를 적으세요)

너는 종종 스스로에게 조금 엄격한 편이잖아.

나는 네가 이 일을 잘 이겨낼 거라는 사실을 알아.

왜냐하면 너는 　　　　　　　　　　　　　　　　　　　　　．

(이겨낸 방법을 적으세요)

네가 지닌 놀라운 자질을 잊지 마.

너는 　　　　　　　　　　　　　　　　　　　　　　　　　　．

(당신의 자질이 생각나지 않으면 76페이지를 보세요)

나는 영원히 너를 사랑할 거야.

진심을 담아, 　　　　　　　　　　　　　　　　　　　　으로부터.

(이름을 적으세요)

마저리 윌리엄스Margery Williams의 동화《벨벳 토끼 인형》에는 장난감 말과 아이가 대화를 나누는 모습이 나와요. 여기서 장난감 말은 아이에게 '진짜'가 되는 일은 사랑하는 주인에 의해 닳아버리는 것이라고 설명해요. 그렇기 때문에 쓰다듬는 손길로 인해, 닳고, 해지고, 눈알이 빠지고, 머리털이 다 낡아도 상관없다고 말하죠.

이는 제가 정말 좋아하는 비유예요. 삶이 고달프고 힘들더라도, 인생을 경험하고 하루하루 견디다 보면 우리는 더욱 아름다워지고 완전해지거든요. 지금의 당신을 만들어준 상황을 적어보세요. 힘든 상황과 기쁜 상황을 모두 적어보세요.

힘든 상황	기쁜 상황
❖	❖
❖	❖

시각화 명상하기

부정적인 기억을 머릿속에서 삭제할 수 있다면 얼마나 좋을까요? 지금부터 부정적인 기억을 극복할 수 있도록 시각화 명상을 시도해 보기로 해요.

1   머릿속에 부정적인 기억을 떠올리고 풍선에 담는 장면을 떠올려보세요.

2   부정적인 기억의 풍선이 둥둥 떠올랐다가, 둥둥 흘러가는 모습을 그려 보세요.

3   다음과 같이 말해보세요. "저기 부정적인 기억이 있네. 그 기억을 흘려 보내야지."

4   풍선을 터뜨려 없애버리는 상상을 하거나, 저 멀리 날아가는 모습을 지켜보기로 해요.

5   부정적인 말이나 부정적인 생각도 똑같은 방법으로 흘려보내세요.

자기 자비와 자존감 구분하기

앞서 자기 자비와 자존감은 다르다고 설명했어요. 자기 자비는 어려움을 겪는 순간에도 당신을 다정하게 대할 수 있도록 만드는 힘이에요. 자존감은 당신이 이룬 성취와 관련해, 당신에게 느끼는 감정이죠. 이 둘을 그래프로 나타낸다면, 자기 자비는 언제나 변함없이 동일한 높이를 유지할 것이며 자존감은 당신의 감정에 따라 들쭉날쭉할 거예요.

다음의 상황들에서 자기 자비와 자존감이 어떻게 다르게 나타나는지 적어보세요. 이를 통해 삶에서 자기 자비가 얼마나 큰 도움이 될지 알 수 있을 거예요.

예　**월급이 올랐다.**

　　자기 자비　　나는 열심히 했으니까 자격이 있어.

　　자존감　　나는 최고야. 내가 뛰어나다는 사실을 모두가 알게 될 거야.

❖　중요한 회의를 깜빡했다.

　　자기 자비

자존감

❖ 데이트 신청을 받았다.

자기 자비

자존감

❖ 친구를 집으로 초대했는데 거절당했다.

자기 자비

자존감

스스로에게 응원의 메시지 보내기

스스로를 친절하게 대하고 존중할 수 있도록 도와주는 문장이 있어요. 이 중에서 공감이 가는 문장이 있다면, 소리 내어 반복해 읽어보세요. 혹은 종이에 쓴 다음 매일 볼 수 있는 곳에 붙여도 좋아요.

❖ 나는 지금 최선을 다하고 있으며, 이것만으로도 충분하다.

❖ 나는 가치 있는 사람이다. 내가 잘하고 있지 못할 때조차 나는 가치 있는 사람이다.

❖ 나는 불편한 감정은 물론, 어떤 감정이든 느낄 수 있는 존재이다.

❖ 내 생각은 그저 생각일 뿐이다.

❖ 나는 실수를 해도 괜찮다. 실수는 성장과 학습의 과정일 뿐이다.

❖ 나는 나에게 주의를 기울이고 있으며, 나의 몸 상태를 민감하게 느낄 수 있다.

❖ 나는 매일 배우고 성장하고 있다.

❖ 내게 중요한 것과 다른 사람에게 중요한 것이 다를 수도 있으며, 그래도 괜찮다.

❖ 모두가 나를 좋아하지 않아도 된다.

처음으로 자전거를 타거나, 운전을 하거나, 새로운 메뉴를 요리하게 된다면, 실수를 하기 마련이에요. 당연해요. 처음으로 시도하는 일이잖아요. 자기 자비는 이처럼 새로운 일을 시도할 때 아주 유용한 마음가짐이에요. 서투르지만 천천히 연습하면 나아질 것이라는 사실을 알게 해주거든요.

셀프 러브의 여정을 해나가기 힘든 날에는 한발 물러나도 좋아요. 밖으로 나가 자연을 즐겨도 좋고, 집에서 가장 좋아하는 공간으로 가서 몸의 긴장을 풀고 숨을 쉬어도 도움이 될 거예요. 이 여정을 포기하고 싶어질 때마다 당신을 어떤 말로 독려했는지, 더 나아지기 위해서 어떤 행동을 했는지 적어보세요.

자기 자비를 연습할 수 있는 방법은 아주 많아요. 당신이 얼마나 특별하고 대단한 사람인지 종이에 적은 다음, 빈 통에 넣고 필요할 때마다 꺼내 읽어보는 것은 어떨까요? 반대로 부정적인 생각을 종이에 적은 다음, 이를 없애겠다는 생각으로 쓰레기통에 버리는 것도 좋겠네요.

당신을 기분 좋게 만들어주는 사람이나 동물을 만나는 것도 무척 효과적인 방법이에요. 소셜 미디어를 잠시 멀리하고, 주변에 있는 전자 제품의 전원을 끄는 것도 도움이 될 거예요. 그리고는 새로운 일을 찾아보세요. 만들기, 베이킹, 그림 그리기, 글쓰기, 색칠하기 등을 시도해 보는 거예요. 자기 자비를 위한, 자신만의 계획을 적어보세요.

괜히 기분이 가라앉는 날이나 자기 자비를 도무지 실천할 수 없을 것 같은 날에 도움이 될 만한 일이 있어요. 제가 상담 심리 치료를 하다가 찾아낸 비법인데, 저도 종종 이 일을 실행하곤 하죠. 바로 휴대폰에 '목소리 변조 애플리케이션'을 설치한 다음, 자신의 목소리를 녹음해서 다양한 목소리로 들어보는 거예요.

우선 부정적인 말을 녹음하세요. 예를 들면, "나는 부족한 사람이야."와 같은 말이요. 그다음에 다양한 목소리 효과를 적용해서, 여러 번 반복해서 들어보세요. 부정적인 생각이 점점 희미해지고, 그 생각에 너무 깊게 빠져드는 것을 방지할 수도 있어요. 제가 제일 좋아하는 목소리 효과는 로봇 목소리, 외계인 목소리, 다람쥐 목소리예요.

아니면 부정적인 말을 아주 우스꽝스러운 목소리나 말투로 녹음해도 좋아요. 로봇이나 미키 마우스의 목소리를 흉내 내도 좋고요. 웃음이 절로 나오면, 심각하고 부정적인 감정을 유지하기가 아주 어렵거든요.

자기 자비를 실천하기 어려웠던 상황이나 경험이 당신에게도 있었을 거예요. 누구나 그런 상황이나 경험을 겪거든요. 그 일이 무엇인지 적어보고, 이를 극복하는 데 도움이 되었던 것은 무엇인지 함께 적어보세요.

소셜 미디어 정리하기

페이스북이나 인스타그램 등 소셜 미디어를 자주 볼수록 자신을 향한 부정적인 감정이 더욱 강해진다는 연구 결과가 있어요. 어쩔 수 없이 스스로와 다른 사람을 비교하게 되기 때문일 거예요. 소셜 미디어를 훑어보고 나면, 어떤 기분이 드나요?

당신이 가입한 소셜 미디어 계정을 모두 적은 다음, 질문해 보세요. 이 소셜 미디어를 이용하면서 긍정적인 영향을 받았나요? 당신이 충분히 괜찮은 사람이라는 생각이 드나요? 행복감을 느끼나요?

소셜 미디어를 사용하고 난 다음 어떤 감정을 느끼는지 적어보세요. 만약 부정적인 감정이 든다면 가로줄을 치고서는 해당 계정을 삭제하세요. 혹은 당신에게 영감을 주고, 도움이 되고, 동기를 부여하는 사람만 남기고, 그 외의 팔로우는 끊길 권유해요. 이 행동은 당신을 다른 사람의 기준으로 판단하지 않도록 도와줄 거예요.

테스트 | 당신을 얼마나 잘 대하고 있나요?

다음의 질문을 읽고, 해당하는 답에 체크해 보세요. 총합을 계산
하면 당신의 상태를 파악할 수 있어요.

1   나는 실수를 해도 크게 개의치 않고 오히려 배움의 기회로 여긴다.

2   나는 감정을 억제하지 않고 모두 받아들인다.

3   나는 외롭다는 생각이 들 때, 자책감을 느끼며 아무도 나를 좋아하지 않는다고 생
     각한다.

4   나 자신에게 혹독한 것은 더 나은 내가 되기 위한 효과적인 방법이다.

5   나는 스스로 부족하기 때문에 실패하는 것이다.

6   나는 인생을 살아가면서 누구나 고통과 고난을 겪는다고 생각한다.

7   나는 실수를 했을 때 스스로에게 벌을 준다.

8   나는 부족함이 없고 사랑을 받을 수 있는 사람이 되려면 완벽해야 한다고 생각한다.

9   나는 다른 사람을 대하듯이 나 자신을 다정하게 대한다.

10   나는 인정을 받기 위해 내 감정에 과도하게 반응하거나 내 반응을 과장하는 경향
     이 있다.

❖   1번, 2번, 6번, 9번 질문에는 '그렇다'에 5점씩 매기고, 3번, 4번, 5번, 7번, 8번,
     10번 질문에는 '아니다'에 5점씩 매기세요.

90~100점   자기 자비를 이미 실천하고 있어요. 계속해서 당신을 사랑하고 다정하게 대하는 멋진 삶을 살아가길 바라요.

80~90점   자기 자비를 매일 실천하는 길을 잘 걸어가고 있어요.

70~80점   당신을 사랑하고 격려하는 연습을 지속해야 해요.

60~70점   자기 자비를 배워야 하는 상태예요. 어려운 상황에서 아무렇지 않은 사람은 아무도 없어요. 이 사실을 이해하는 것은 자기 자비를 실천하는 데 있어서 매우 중요해요.

50~60점   자기 자비는 인생을 새롭게 경험하도록 도와줄 거예요. 그러므로 당신의 감정을 알아차리고, 당신을 존중하는 연습을 해야 하죠.

0~50점   자기 자비의 첫걸음이 필요한 상태네요. 지금 당장 당신에게 칭찬을 건네보길 바라요. 이 책을 읽고 있는 당신은 자신을 더욱 사랑하고 용서하기 위한 성장의 계단을 오르고 있는 중이에요. 자기 자비에서 가장 중요한 3가지 요소는 자신에게 더욱 다정해지기, 고난이 지니고 있는 진정한 의미에 대해 이해하기, 자신의 마음을 챙기는 연습하기라는 점을 되새기길 바랄게요.

모든 감정 받아들이기

자기 자비를 실천하는 데 있어 중요한 일이 또 있어요. 당신의 감정이 옳은지, 혹은 그른지 판단하지 않고 관찰하는 일이 바로 그것이죠. 당신의 감정을 섣부르게 규정하기 전에 감정을 알아차리고 받아들이는 것이 우선이에요. 이 과정을 거치지 않으면, 당신의 감정을 무작정 억압하게 되거나, 당신의 행동에 제약을 두게 될지도 몰라요. 어떤 감정은 감당하기 어렵거나 불편하기도 할 거예요. 어떤 감정은 절제하고 싶고 혹은 무감각해지고 싶을 거고요. 그래도 괜찮아요.

다양한 감정에 따라 발생하는 몸의 변화를 적어보세요. 이를 통해 당신의 감정을 보다 쉽게 알아차릴 수 있을 거예요.

예 **분노**　　몸이 굳는다. 얼굴이 화끈화끈해진다. 입을 앙다문다.

❖ **슬픔**

❖ **두려움**

❖ **기쁨**

❖ **혐오**

❖ **놀라움**

감정은 좋거나 나쁘다고 규정할 수 있는 것이 아니에요. 감정은 그저 왔다 갔다 하며 물결치는 바다의 파도 같은 것이죠. 이러한 감정과 싸우려고 들면, 물에 빠지는 느낌이 들 수밖에 없을 거예요.

감정과 맞서는 대신 마치 서핑을 하듯 감정을 오롯이 느껴보세요. 하나의 감정이 지나가고 새로운 감정이 오는 순간을 발견할 수 있을 거예요. 오늘 하루 동안 겪은 감정을 모두 적어보세요. 그리고 감정의 흐름을 눈으로 확인해 보세요.

명상하기

어떤 감정은 불편하기도 하고, 어떤 감정은 힘들기도 해요. 그 감정이 사라지길 바라고, 심지어 그 감정을 가져서는 안 된다고 생각하나요? 하지만 감정을 자꾸만 억누르면 다른 여러 문제가 생길 수 있어요. 건강 문제가 발생할 수도 있고, 관계성에 어려움을 겪을 수도 있고, 감정을 마비시키는 행동을 저지를 수도 있죠. 모든 감정을 받아들이는 일은 자기 자비를 실천하는 일이기도 해요. 지금부터 당신의 감정을 살펴보기로 해요.

1   눈을 감고 호흡에 집중해 보세요.

2   숨을 들이마시고 내쉴 때마다, 마음을 차분하게 가라앉혀요.

3   수치심, 두려움, 지루함, 거부감 등 최근에 경험한 불편한 감정을 떠올려보세요.

4   그 감정을 천천히 마주하세요.

5   감정은 자연스러운 것이며, 감정이 느껴지는 것은 아무 문제도 없다는 사실을 기억하세요.

6   당신의 감정을 받아들일 준비가 되면 숨을 깊게 들이마신 다음 눈을 떠요.

4장을 마치며

4장에서는 자기 자비를 실천하는 일에 대해 알아봤어요. 스스로에게 관대해지는 일은 셀프 러브의 여정에서 중요한 일이에요. 특히 감정을 그대로 받아들이는 것이 필요하죠. 이때 부정적인 생각이나 감정을 헤쳐 나가는 일은 어려울 거예요. 셀프 러브의 여정에서 걸림돌이나 우회로를 만난다고 해도, 자기 자비가 있다면 앞으로 나아갈 수 있어요. 자기 자비에는 변화를 만들어낼 수 있는 강력한 힘이 있거든요.

5장에서는 자기 회의에 대해 알아볼 거예요. 스스로를 못 믿게 만드는 내면의 목소리를 탐구해 볼 텐데, 이때 자기 자비가 분명 큰 도움이 될 거예요.

"

나 자신을 사랑하는 것은
나의 실수까지도 포용하고
더 나아가 나의 실수로부터 배우는 것이다.

"

자기 회의Self-Doubt,
자신을 믿어주는 습관

미래는 자신의 꿈이 아름답다고 믿는 사람의 것이다. **엘리너 루스**

벨트 Eleanor Roosevelt

중요한 순간에 좋지 못했던 과거의 사건이 떠오르면, 머릿속은 불안감으로 가득 차 버리게 돼요. 자기 회의를 극복하지 못해서 생겨난 결과죠. 이 같은 사고 패턴은 관계성을 망치고, 건강한 결정을 내리지 못하도록 방해하고, 개인적인 성취를 이루기 위한 노력을 물거품으로 만들어요.

지금부터는 자기 회의를 극복함으로써, 자기 가치를 구축할 수 있는 강력한 토대를 만들 거예요. 가장 먼저 과거의 사건과 관계성으로부터 생겨나 내면화된, 삶을 제한하는 가치관을 해소하는 방법을 알려줄게요. 다른 사람의 시선을 허물고, 당신의 장점과 재능을 쌓을 수 있는 공간을 확보해 셀프 러브의 튼튼한 기반을 마련할 수 있도록 말이에요.

테스트| 당신을 얼마나 잘 믿어주고 있나요?

다음의 질문을 읽고, 해당하는 답에 체크해 보세요. 총합을 계산하면 당신의 상태를 파악할 수 있어요.

1   나는 잘할 수 있는 일이 아니라면 도전하는 것을 좋아하지 않는다.

2   나는 실수가 두려울 때가 많다.

3   나는 내가 부족하다는 생각을 자주 한다.

4   나는 익숙함을 벗어나는 일이 두렵다.

5   나는 다른 사람이 나를 좋아하지 않는다고 생각한다.

6   나는 이미 지나간 대화를 곱씹으며, 더 유창하게 말하지 못한 것을 후회한다.

7   나는 새로운 시도를 즐기지 않는다.

8   나는 다른 사람이 나에 대해 어떻게 생각할지 걱정한다.

9   나는 지금까지 많은 실패를 경험했다고 생각한다.

10   나는 '만약'으로 시작하는 부정적이고 비극적인 생각을 자주 떠올린다.

❖   1번부터 10번까지의 질문에서 '그렇다'에 10점씩 매기세요.

총합

0~40점 당신을 다정하게 대하고 격려하는 일을 아주 잘하고 있어요. 당신이 온전한 모습일 때 그리고 진심을 다할 때, 당신의 세계는 더 나은 곳이 될 수 있다는 사실을 잊지 말길 바라요.

40~60점 스스로 가치 있다고 생각하기 어려운 상황에 부딪히기도 할 거예요. 그때를 제외하고는 편안함을 느끼고 있는 상태예요. 내면에서 들려오는 비판의 목소리에 계속해서 맞서 싸워야 해요.

60~80점 두려움과 불안감으로 인해 삶을 온전하게 살아내기 어려울 때가 종종 있어요. 자신감을 가지고 당신이 마땅히 누려야 할 모든 것을 누리는 연습이 필요해요.

80~100점 이 책을 통해 당신과 당신의 삶을 개선하기 위해 자기 회의를 극복하는 것이 얼마나 중요한지 깨달을 수 있을 거예요. 시작이 반이니, 지치지 말고 앞으로 계속 나아가길 응원할게요.

부정적인 과거 직시하기

머릿속에 맴도는 부정적인 목소리에 영향을 미친 사람이나 사건을 떠올려보세요. 당신이 자기 회의를 지니는 데 결정적인 영향을 미친 것은 무엇인가요?

제가 상담 심리 치료를 통해 만난 사람 중에는 학창 시절, 수학 수업 시간에 오답을 이야기한 순간이라고 고백한 사람도 있어요. 당시 수업을 함께 들었던 친구들이 비웃는 바람에 부끄러움을 느꼈고, 이 때문에 자신이 수학을 못한다는 강한 믿음을 갖게 되었다고 말이죠.

때로는 가족으로부터 해로운 믿음이나 신념, 가치관을 그대로 물려받을 수도 있어요. 저는 '할 수 있는 일은 무엇이든 해야 한다.'라는 군인 정신을 가진 집안에서 자랐어요. 덕분에 무슨 일이든 최선을 다하는 사람이 될 수 있었죠. 하지만 그 영향으로 인해 최고가 되기 위해서라면 수단과 방법을 가리지 않는, 무자비한 사람이 되기도 했어요. 그러다 최악의 모습이 불쑥 나타나기도 했죠. 제가 가훈을 너무 심각하게 받아들였기 때문이에요. 이처럼 당신에게 부정적인 영향을 미친 사람이나 사건을 적어보세요.

여러 사람 앞에서 해야 하는 발표, 운동 경기에 참가하는 일, 첫 번째 데이트 자리…. 사람마다 자기 회의가 밀려오는 상황은 다를 거예요. 자기 회의가 느껴지는 순간, 즉 주눅이 들거나 자신감이 사라지는 순간을 떠올리고 그때 밀려오는 생각이나 걱정을 구체적으로 적어 보세요.

이러한 자기 회의가 셀프 러브의 여정에 도움이 될지 고민해 보세요. 만약 당신에게 도움이 되지 않는 관점이라면, 새로운 관점을 가지는 편이 더 좋을 테니까요.

긍정적인 미래 설계하기

　　당신이 달성하고 싶은 커다란 목표 한 가지를 산꼭대기에 적어 보세요. 그리고 목표를 향해 나아가지 못하도록 방해하는 요소를 화살표에 적어보세요. 방해물은 다음의 목록에서 골라 적어도 되고, 직접 생각해서 적어도 좋아요. 이 방해물이 당신을 가로막지 못하게 만들겠다고 결심한다면, 실제로 목표에 도달할 수 있을 거예요.

❖　**다른 사람의 평가**　　　　❖　**희박한 가능성**

❖　**과거의 실패**　　　　　　❖　**높은 진입 장벽**

❖　**거절에 대한 걱정**　　　　❖　**여러 위험 요소**

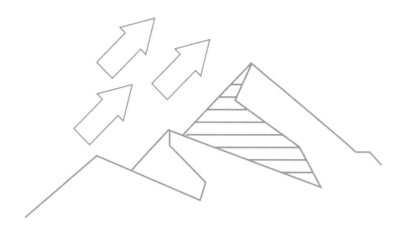

다른 관점으로 생각하기

대부분의 걱정은 '만약'으로 시작하죠. 만약 바보 같아 보이면 어떡하지? 만약 실패하면 어떡하지? 만약 취업이 안 되면 어떡하지? 자기 회의는 불필요한 걱정을 하게 만들어요.

별다른 이유도 없이 부정적인 생각이 든다면, 머릿속에 있는 두려움과 반대되는 문장을 만들어보세요. 이 같은 역발상은 긍정적인 감정을 불러일으킬 거예요. 정반대로 생각하는 일이 어렵다면, 최대한 긍정적인 방향으로 생각하길 바라요. 이 방법을 사용해서, '만약'으로 시작하는 문장을 적어보세요.

예 **만약 실패한다면?**	**만약 성공한다면?**
❖ **만약 지게 된다면?**	만약
❖ **만약 나를 싫어하면?**	만약
❖ **만약 내가 충분히 예쁘지 않으면?**	만약

저는 상담 심리 치료를 진행할 때, 직면한 상황을 다르게 볼 수 있도록 '재구상 연습'을 자주 사용해요. 재구상 연습은 어떤 사건에 대한 부정적인 해석을 긍정적인 관점으로 바꿀 수 있는 기회를 제공하거든요.

재구상이 필요한 몇 가지 상황이 나와 있어요. 직접 재구상을 해 보고 관점을 어떻게 긍정적으로 변화시킬 수 있는지 적어보세요. 이는 셀프 러브를 실현하는 데 도움이 될 거예요.

예   **내가 하기에 이 일은 너무 힘들어.**

나는 힘든 상황에서도 꾸준히 나아가는 법을 배우는 중이야.

사회적 거리두기는 정말 질색이야.

나 자신과 조금 더 의미 있는 시간을 보낼 수 있겠어.

❖   **나는 이 일을 절대 잘할 수 없을 거야.**

❖   **나는 게을러.**

❖   **나는 그동안 원하는 일을 이룬 적이 없어.**

자신감과 안정감이 있는 사람이 서 있는 모습을 상상해 보세요. 이번에는 불안감과 자기 회의에 빠진 사람의 모습을 상상해 보세요. 둘의 차이가 보이나요? 제스처는 감정에 많은 영향을 끼쳐요. 자신감 넘쳐 보이는 제스처와 불안감이 느껴지는 제스처를 적어보세요. 의도적으로 전자의 제스처가 몸에 배도록 연습하기로 해요.

❖ **마음을 편안하게 만드는 보디랭귀지**

숨을 깊게 들이마시고 두 발을 바닥에 단단히 딛고 똑바로 서요. 등을 곧게 펴고 팔은 양옆에 편안하게 두세요. 그리고 얼굴 근육을 부드럽게 풀어보세요. 바른 자세를 유지하려고 노력하다 보면, 감정은 따라올 거예요.

❖ **자신감 넘치는 보디랭귀지**

❖ **자신감 없는 보디랭귀지**

머릿속의 기억 떠올리기

지금까지 살면서 자신감과 안정감을 느꼈던 순간을 떠올려보세요. 그때의 상황과 경험을 적어보세요. 당신에게 자신감과 안정감을 주는 것은 무엇인가요?

지금까지 살면서 이루어낸 가장 자랑스러운 성과 5가지를 적어보세요. 다른 사람이 그 순간을 성공으로 보는지 아닌지는 중요하지 않아요. 스스로 어려움을 극복했던 경험이나, 뿌듯함을 느꼈던 일이라면 무엇이든 좋아요. 아무리 작은 승리일지라도, 자신감을 얻을 수 있거든요.

다른 사람에게 도움 요청하기

당신을 사랑해 주고 지지해 주는 사람으로 인해, 자기 회의를 극복하고 자신감을 키울 수도 있어요. 당신을 응원해 준 치어리더가 있었나요? 제 경우에는 초등학교 2학년 때 담임 선생님이 든든한 지원군이었어요. 제가 만난 선생님 중 가장 엄한 분이셨지만, 저를 항상 믿어주셨거든요. 수줍고 겁 많은 아이였던 저는 선생님의 믿음 덕분에 셀프 러브를 실천할 수 있었어요.

코치, 멘토, 선생님, 가족 등 당신에게 긍정적인 영향을 미친 사람을 떠올려보세요. 그들의 어떤 점이 자극을 주었나요? 그들은 당당하고, 자신감 있고, 진실하고, 지혜롭고, 분별력 있었나요? 아니면 또 다른 면이 있었나요? 그들을 생각하며, 당신과 비슷한 점이나 배우고 싶은 점을 적어보세요.

유난히 마음이 힘든 날이 있을 거예요. 그때는 당신을 사랑해 주고 이해해 주는 사람이 바로 옆에 앉아 있다고 상상해 보세요. 지금 겪고 있는 힘든 상황에 대해서 적은 다음, 그 사람이 당신에게 무슨 말을 해줄지 적어보세요. 이를 통해 당신이 얼마나 멋지고 놀라운 사람인지 깨닫게 될 거예요.

호흡하기

심호흡을 할 때, 한두 가지의 주문을 되뇌면 마음의 중심을 잡고 이를 지탱하는 데 도움이 될 거예요. 먼저 편하게 앉을 수 있는 조용한 장소를 찾은 후 향초를 켜요. 조명을 어둡게 하거나 잔잔한 음악을 틀어도 좋아요. 그리고 다음에 나와 있는 방법대로 호흡해 보세요. 처음에는 어려울 수도 있어요. 그렇다면 1분 동안만이라도 호흡에 집중해 보세요.

1 4초를 세면서 코 혹은 입으로 깊게 숨을 들이마시고, 배와 가슴을 공기로 가득 채워요.

2 4초 동안 숨을 멈춘 다음, 다시 4초 동안 입으로 천천히 숨을 내쉬어요. 이 호흡을 여러 번 반복해요.

3 숨을 들이마실 때, 스스로에게 자신감을 불어넣을 수 있는 말을 생각해보세요. "할 수 있다!" 아니면 "자신 있어!" 등과 같은 말을 떠올리는 거예요.

4 숨을 내쉴 때, 불안감을 다 내보내요. 긴장이 풀리고 편안해질 때까지 호흡을 계속하세요. 이 시간을 점점 늘리면 좋아요.

스스로에게 응원의 메시지 보내기

가끔 다른 사람으로부터 위로의 말을 듣기도 하지만, 여전히 그 말이 사실이라고 믿어지지 않을 거예요. 머리로는 이해가 가지만, 마음으로는 도저히 와닿지 않기 때문이에요. 용기를 심어주는 말이 내면의 목소리가 되기 위해서는, 위로의 말을 큰 소리로 반복해 말하는 것이 도움 될 거예요.

당신의 상황에 맞거나 가장 끌리는 문장에 체크해 보세요. 그리고 10~15분 동안 큰 소리로 말해보세요. 가벼운 산책을 하면서 말하는 것도 좋아요.

충분히 잘하고 있어.	해낼 수 있어.	곧 방법을 찾아낼 거야.
괜찮아.	나에게는 재능이 있어.	결국 멋지게 해낼 거야.
모든 일이 다 잘될 거야.	이미 준비가 됐어.	내가 할 수 있는 일이 많아.
사람들은 나를 좋아하고 나와 함께하길 바랄거야.	나는 정직하고, 똑똑하고, 유쾌한 사람이야.	나는 능력 있는 사람이야.

저는 토드 파Todd Parr의 동화를 좋아해요. 그의 책에는 공통적으로 '실수해도, 때로는 슬퍼도 괜찮다.'라는 메시지가 담겨 있어요. 이는 저에게 큰 위로가 되었죠. 행여 상대방이 불편함을 느끼더라도, 당신을 우선시하는 상황이나 감정을 적어보세요. 이 상황이나 감정이 많아질수록 자기 회의를 극복하는 데 도움이 될 거예요.

예   실수해도 괜찮아.

　　　마음을 바꿔도 괜찮아.

❖ _____ 괜찮아.

❖ _____ 괜찮아.

❖ _____ 괜찮아.

❖ _____ 괜찮아.

❖ _____ 괜찮아.

❖ _____ 괜찮아.

❖ _____ 괜찮아.

❖ _____ 괜찮아.

❖ _____ 괜찮아.

스스로를 응원하는 마음을 담은 러브 레터를 써볼 거예요. 당신에게 감사의 인사를 전하고, 당신의 장점과 재능에 대해 이야기하는 거예요. 다른 사람에게 들었던 칭찬이나 스스로 위기를 극복했던 경험을 떠올려보세요. 자기 회의가 유독 심한 탓에, 당신이 얼마나 멋진 사람인지 확인해야 할 때 이 편지를 다시 읽어보세요.

에게

(이름을 적으세요)

으로부터

(이름을 적으세요)

자기 회의 극복하기

부정적인 생각에 반박하려는 시도는 오히려 부정적인 생각에 사로잡히도록 만들어요. 역설적이게도 부정적인 생각에 반박하기 위해서, 계속 그 생각을 떠올려야 하잖아요. 그렇기 때문에 부정적인 생각을 지우거나 바꾸기 위해 애쓰는 대신 긍정적인 생각에 집중하는 것이 자신감과 안정감을 가지는 데 훨씬 효과적이에요. 셀프 러브의 여정에 도움이 되는 생각을 선택하기로 해요. 자기 회의에 맞춰진 생각을 자기 자비로 옮기는 거예요. 당신에게 더 다정해질 필요가 있어요.

만약 자기 회의 때문에 자꾸만 마음이 무거워지면 내면에서 들려오는 비판적인 목소리에 집중해 보세요. 이때 어떠한 판단도 내리지 않은 채, 당신의 생각을 관찰하고 인지하는 것이 중요해요. 마음속에 어떤 생각이 떠올랐다가 사라지는지, 적어보세요. 생각을 바꾸거나, 붙잡아 두거나, 깊이 몰두하지 말고, 가만히 관찰하기만 하세요. 자세히 관찰해 보면 생각이 믿음으로 자리 잡지 않을 거예요. 대부분은 스쳐 지나가는 생각일 뿐이며, 그 이상도 그 이하도 아니에요.

5장을 마치며

셀프 러브의 여정에는 과속 방지 턱이 있어요. 자기 회의가 드글거리는 구덩이도 있죠. 하지만 부정적인 생각을 하나씩 인지하고 내보내야 해요. 자기 회의로부터 해방되기 위한 노력은 셀프 러브를 실천하기 위해 반드시 거쳐야 하는 과정이에요. 5장을 통해서 잘못된 생각으로부터 자유로워지고 자신감이 생겼길 바라요.

어린 시절에 받은 상처, 해로운 관계성, 세상에 널브러져 있는 부정적인 메시지, 스스로에게 한계점을 부여하는 행위 등은 당신이 불완전하고 부족하다는 생각에 갇히도록 만들어요. 하지만 이는 잘못된 생각일 뿐이에요. 부족한 부분을 인정하고 과거의 기억으로부터 자유로워지기 위해 노력하는 당신에게 칭찬을 건네도 좋아요. 6장에서는 당신이 얼마나 멋지고 훌륭한 사람인지 확인하게 될 거예요.

"
나를 사랑하는 것은
나를 돌보는 것으로부터 시작된다.
"

자기 가치Self-Worth,
자신을 빛나게 만드는 힘

나는 계속해서 모험하고 변화할 것이다. 나의 마음과 눈을 열고, 고정 관념과 틀에 박히기를 거부할 것이다. 자신을 해방시키는 것이 중요하다. 자신만의 차원을 찾아가는 일을 방해해서는 안 된다. **버지니아 울프 Virginia Woolf**

본격적으로 일을 시작하기 전에 올바른 도구와 튼튼한 토대를 준비해야 한다는 점에서, 자기 가치를 구축하는 일은 집을 짓는 일과 비슷하죠. 자기 회의를 극복한 당신은 지금부터 자기 가치를 확인하는 데 전념할 수 있을 거예요. 자기 회의를 극복하면, 자기 가치를 채울 수 있는 공간이 생기거든요.

스스로에게 건네는 긍정적인 메시지부터 자신의 재능과 장점에 대한 인식, 신체와 감정, 정신까지, 이 모든 것이 셀프 러브를 키우는 도구가 될 거예요.

당신의 모습 관찰하기

제가 몇 가지 질문을 해볼게요. 언제 당신이 온전히 자신답다고
느끼나요? 언제 가장 생동감을 느끼나요? 그때 누구와 함께, 무엇을
하며, 어떤 생각을 하고 있나요? 어떤 기분이 드나요? 진정한 당신을
마주할 수 있는 순간이 더 많아지기 위해서는 어떻게 해야 할까요?
편안한 마음으로 적어보세요.

자신감과 안정감을 느끼고 있을 때, 몸의 긴장을 푼 채 주변 공간을 더 넓게 차지하는 경향이 있어요. 지금 당신이 앉아 있는 모습을 관찰해 보세요. 팔다리, 자세와 표정, 시선은 어떤가요? 그리고 다음의 상황에서 당신이 어떤 모습일지 적어보세요.

❖ **줄을 서 있을 때**

❖ **대기실에 앉아 있을 때**

❖ **집 안의 소파에서 쉬고 있을 때**

❖ **버스나 지하철에 앉아 있을 때**

❖ **길을 걸어갈 때**

❖

원동력 탐색하기

자기 가치를 키우기 위해 제일 중요한 요소가 무엇인지 체크해
보세요. 빈칸에는 직접 자기 가치에 있어 중요한 요소를 생각해 적어
보세요.

다정한 말	긍정적인 생각	혼자만의 시간
새로운 시도	노력과 수고	자신의 몸을 긍정하는 마음

당신을 특별하게 만들어주는 레시피를 완성해 보세요. 이때 당신을 행복하게 만들어줄 수 있는 가장 좋은 재료만 골라 넣어야 해요. 쉽게 떠오르지 않는다면, 가족이나 친구에게 당신의 강점과 재능을 알려달라고 요청해도 좋아요.

예	재료
진정성 1컵	1컵
솔직한 태도 1/2티스푼	1/2티스푼
유머 1스푼	1스푼
음악적 재능 3/4컵	3/4컵
창의력 1꼬집	1꼬집

레시피

모든 재료를 섞은 후 부드러워질 때까지 섞는다. 자기 가치가 적절하게 익을 때까지 굽는다. 모든 과정을 마치면 세상을 함께 살아가고 있는 다른 사람과 나눈다.

현재와 미래의 삶 살펴보기

자기 가치의 온도를 측정해 볼게요. 이제 스스로를 조금 더 따뜻하게 바라볼 수 있나요? 아니면 여전히 차가운 시선으로 바라보고 있나요? 당신에게 느끼는 감정을 그대로 적어보세요. 이로써 셀프 러브의 여정을 돌아보고, 동시에 앞으로의 방향을 설정할 수 있을 거예요.

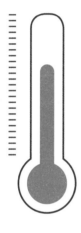

❖ 나는 나를 사랑하고, 내가 사랑과 소속감을 누릴 자격이 있다는 사실을 알고 있다.

❖ 나는 나를 더 사랑하기 위해 노력하고 있으며, 대체로 나 자신을 사랑한다.

❖ 나는 나를 사랑하고 가치 있게 여기는 법을 배우고 있지만, 여전히 어려울 때가 있다.

❖ 나는 사랑받을 가치나 자격이 없다고 느끼며, 스스로 장점이 없다고 생각한다.

셀프 러브로 가득한 미래의 삶은 어떻게 변화되어 있을까요? 1년 후, 5년 후, 그리고 10년 후에 당신이 어떤 삶을 보내고 있을지 상상해 보세요. 이때 소원이나 꿈, 이루고 싶은 목표를 어떻게 이루었을지 구체적으로 적어보세요.

❖　1년 후, 나는

❖　5년 후, 나는

❖　10년 후, 나는

자기 가치 발견하기

아이에게는 자신을 둘러싸고 있는 세상 속에서 경이로움과 즐거움을 발견하는 능력이 있어요. 정말 부러운 일이죠. 저도 어렸을 때, 날아가는 나비를 쫓아가고, 어지러워질 때까지 제자리에서 빙글빙글 돌고, 하루종일 뒷마당에 있는 작은 대나무 숲에서 뛰놀았어요. 그럴 때마다 상상력을 발휘해 세상을 자유롭게 탐험하며, 자연이 주는 소소한 기쁨을 마음껏 누렸죠. 나이가 든 후에 삶을 돌아보고 이해하면서, 자연과 함께하는 일이 자기 가치를 기르는 데 도움이 되었다는 사실을 알았어요.

당신의 어린 시절을 떠올려보세요. 그리고 가장 즐거웠던 일을 그려보세요. 꼭 자연과 함께한 경험이 아니어도 좋아요. 이를 통해 세상이 당신에게 어떠한 영향을 미치기 전에 찬란했던, 그러나 이제는 내면에만 남아 있는 특별한 장소에 대한 기억이 되살아날 거예요.

삶을 살아가다 보면, 다른 사람에 의해 무력감을 느끼기도 할 거예요. 이러한 상황에서 특별한 취미를 찾는다면, 활력을 느낄 수 있어요. 좋은 취미는 안정감을 선사하고 삶을 즐길 수 있도록 도와주거든요.

제가 추천하고 싶은 취미 활동 중 이미 해본 것에 체크해 보세요. 빈칸에는 경험해 보고 싶은 취미를 적고, 이를 실행하기 위한 계획을 세워보세요. 이로써 당신에게 맞는 취미 활동을 찾을 수 있을 거예요.

식물 기르기	정원 가꾸기	독서하기
바느질하기	퍼즐 맞추기	그림 그리기
골동품 수집하기	자전거 타기	자원봉사 활동하기
등산하기	컬러링북 하기	사진 찍기
악기 연주하기	카약 타기	달리기

자신감과 안정감을 느끼고 자기 가치를 발견하는 데 도움이 되는 긍정적인 문장이에요. 각 문장을 읽어보고 지금 와닿는 것 또는 가장 공감되는 것을 골라보세요. 빈칸에 당신만의 문장을 직접 적어보는 것도 좋아요. 셀프 러브가 자라날 수 있도록, 매일 시간을 들여 각 문장을 마음에 새겨보세요.

❖   나는 강하고 능력 있는 사람이다.

❖   나의 의견은 중요하며 나의 의견을 드러내도 괜찮다.

❖   나의 감정은 타당하고 중요하다.

❖   실수를 한다고 해도, 나는 여전히 가치 있는 사람이다.

❖   나는 어려운 일도 해낼 수 있다.

❖   나는 문제를 해결할 수 있는 사람이다.

❖   나는 존중을 받아 마땅한 사람이다.

❖   나는 다른 사람에게 사랑받을 자격이 있다.

❖   나는 날마다 나를 사랑하는 법을 배우고 있다.

❖   나의 재능과 강점을 인정할 수 있다.

❖   나는 유일하고 특별하다.

신체 이미지 향상시키기

자신의 몸을 있는 그대로 사랑하는 것은 유독 어려운 일이에요. 미디어를 통해 만들어진 완벽한 몸에 대한 고정 관념과 사회적 분위기가 규정한 잘못된 미의 기준 때문에, 스스로의 몸을 무가치하게 여기고 비판적으로 바라보기도 하죠. 지금부터 미디어와 사회적 분위기에 맞서기로 해요. 빈칸을 채우며 당신의 몸에 다정하고 긍정적인 말을 건네보세요.

나의 몸에게

있는 그대로의 네 모습과 지금 이 순간 생동감 있게 활동하고 있는 너에게 감사해.

나는 _____ 내 몸이 좋아.

강하고 튼튼한 _____ 로 나를 항상 지켜주어서 고마워.

특히 내 팔을 좋아해. 왜냐하면 _____ 때문이야.

다리가 _____ 것은 고마운 일이지.

그리고 배가 _____ 것도 고마운 일이야.

앞으로 매일 너를 더 사랑할 거야. 나는 네가 내 몸이라서 좋아.

나는 너와 함께할 수 있는

_____ 을 비롯해 모든 것에 감사해. 그건 정말 놀라운 일이거든.

신체 이미지에 대해 비판적이고 부정적인 감정이 들 때, 이를 해소하는 데 도움이 되는 방법이 몇 가지 있어요.

먼저 당신의 눈을 지그시 바라보는 거예요. 눈을 가늘게 뜨면서 아주 사소한 결점까지 찾아내려는 눈의 긴장을 풀고, 얼굴의 근육을 부드럽게 완화시켜 주세요. 조금 더 온화한 마음으로 얼굴의 모든 부분을 관찰하되, 겉모습에 대해 판단을 내리지 마세요. 있는 그대로의 모습만 생각하는 거예요. 자, 이제 어떤 감정이 드나요?

혹은 자연으로 나가 주변을 둘러보는 것도 좋아요. 관찰자가 되는 거예요. 다양한 색깔과 모양, 소리, 냄새, 감각, 경험에 집중하세요. 너무 바쁜 일상을 사느라 평소에 놓쳤던, 작지만 멋진 것을 알아차릴 수 있을 거예요. 지저귀는 새소리와 부드러운 바람결을 그대로 느껴보세요. 과도하게 복잡한 생각, 부정적인 감정이나 자의식 과잉이 한결 가라앉을 거예요. 자연은 현재에 집중하며 주변 세상과 연결되게 만드는 힘을 가지고 있거든요. 모든 일을 잠시 멈춘 채, 자연 속에서 순간의 기쁨을 느껴보세요. 그 생각과 마음을 적어보세요.

명상하기

1 편안한 자리에 앉으세요. 누워서 진행해도 좋아요.

2 눈을 감고 심호흡을 하세요. 몸의 긴장을 풀고 몸을 편안하게 해주세요. 감각과 감정을 총동원해서, 당신의 몸을 충분히 느껴볼 거예요.

3 머리부터 시작해 볼게요. 생각을 떠올리고 온몸을 작동시키는 뇌가 하는 일에 고마움을 표현해 보세요. 시간을 들여 눈, 코, 입, 귀까지 감각 기관에 고마움을 표현해 보세요. 감각 기관이 담당하는 일 덕분에, 우리는 멋진 일상을 보낼 수 있잖아요.

4 목과 가슴으로 내려갈게요. 목과 가슴을 인지하고, 이 신체 부위에게 사랑과 감사의 인사를 보내세요. 팔과 손, 손가락에도 마찬가지예요.

5 이제 배에게 고마움을 표현할 차례예요. 그동안 당신의 몸을 못마땅하게 생각했다면, 앞으로는 몸에게 감사하는 마음을 지니겠다고 이야기하는 건 어때요?

6 엉덩이에게 고마움을 표현해 보세요.

7 다리에게 옮겨가서 다리가 해내는 일에 감사하기로 해요. 마지막으로, 이곳저곳으로 움직일 수 있도록 항상 수고하는 발에게도 감사를 표현해요.

8 몸의 모양이나 크기가 어떠하든지 간에, 무한한 감사의 마음을 가져요. 당신이 얼마나 유일무이한 존재인지 알게 될 거예요. 이 세상 어디에도 당신과 똑같은 사람은 없어요.

다른 관점으로 생각하기

자기 가치를 중요하게 여길 때 너무 제멋대로 행동하는 것은 아닌지, 아니면 다른 사람을 배려하지 못하는 것은 아닌지 걱정이 되나요? 하지만 이러한 생각은 착각에 불과해요. 다음의 문장을 셀프 러브에 더 도움이 될 만한 표현으로 고쳐 적어보세요.

❖   **나보다 다른 사람을 더 사랑해야 한다.**

_____

_____

❖   **나보다 다른 사람이 더 중요하다.**

_____

_____

❖   **나의 실수가 자기 가치를 정의한다.**

_____

_____

❖ 자기 가치는 다른 사람에게서 영향을 받는다.

❖ 자기 가치를 느끼기 위해 가장 중요한 것은 다른 사람을 만족시키는 일이다.

❖ 자기 가치는 다른 사람이 생각하는 나의 모습으로 결정된다.

흑과 백, 모 아니면 도로 생각하면 자기 가치를 발견하기 어려울 수 있어요. 셀프 러브를 실천하기 위해서는 회색 지대를 찾는 연습도 해야 해요. 중립적인 언어를 사용해, 부족하지만 성장하고 있는 부분을 찾아 포용해 볼 거예요. 이로써 양극단 사이에 있는 중간 지점을 찾을 수 있어요.

회색 지대를 찾는 연습은 삶의 균형을 유지하고, 스스로에게 공감을 표현하는 현실적인 방법이에요. 오른쪽 부분과 왼쪽 부분에 흑백 논리를 적은 다음, 중간 부분에 당신이 찾은 중립적인 생각을 적어보세요.

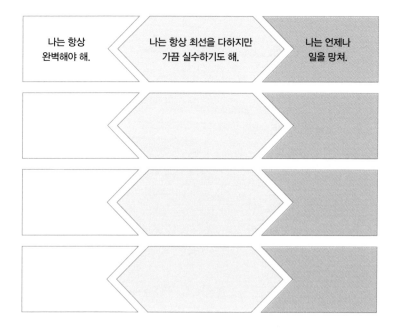

적절한 경계선 정하기

　좋은 감정과 나쁜 감정이 따로 구분되어 있는 것은 아니에요. 감정은 그냥 감정일 뿐이죠. 감정을 제대로 인지하고, 이를 잘 다루는 일 역시 자기 가치를 키우는 방법 중 하나예요. 무작정 감정을 억제하다 보면, 의도치 않게 건강하지 않은 방식으로 감정을 표출하거나 스스로 제어할 수 없는 행동을 저지르기도 하거든요. 이는 건강하지 못한 관계를 맺고 파괴적인 대응 기제를 가지는 것으로 이어질 수 있죠. 그러므로 감정을 제대로 인지하고, 이를 잘 다루는 일은 셀프 러브에 있어 아주 중요해요.

　다음의 감정을 마주할 때, 어떤 행동 욕구가 드는지 관찰한 다음 이에 대해 어떤 행동 대응을 보일 수 있는지 적어보세요.

	감정	행동 욕구	행동 대응
예	분노	때리기, 주먹질하기, 소리치기	심호흡하기, 몸에 힘 빼기, 한걸음 물러서기
	슬픔		
	두려움		
	기쁨		
	혐오감		
	질투		

가끔 실수를 했을 때나, 스스로를 실망시켰을 때에는 자기 가치를 느끼기 어려울 수 있어요. 하지만 사람이라면 누구나 부족한 부분이 있을 수밖에 없다는 사실을 기억해야 해요.

당신의 부족한 부분을 통해서 어떤 교훈을 얻을 수 있는지, 또 어떤 부분이 성장될 수 있는지 발견하는 것은 셀프 러브의 여정을 해나가는 데 도움이 될 거예요. 다음의 상황에 적절한 대응 방법을 찾아 연결해 보세요.

약속을 취소하고 싶어서 ● ● 거짓된 행동은 나의 가치관에 맞지 않는
사소한 거짓말을 했다. 다는 사실을 알고 있으나, 이 역시 더 나
은 선택을 하는 방법을 배워가는 과정일
것이다. 나는 좋은 결과를 내기 위해 스
스로를 너무 압박하고 있다.

발표를 할 때 경직된다. ● ● 거절을 해야 할 때, 반드시 이유를 설명
해야 할 필요는 없다.

아무도 나와 어울리고 싶어 ● ● 두려운 상황에서 몸이 굳는 것은 당연한
하지 않는다. 일이다. 나는 긴장을 풀고 불안감을 감
당하는 방법을 배울 수 있다.

시험을 칠 때 커닝했다. ● ● 집에서 혼자 시간을 보내도 괜찮다. 이
를 통해 취미 생활을 즐기거나 스스로를
사랑하는 연습을 할 수 있다.

일상 속에서 실천하기

다음의 사이클을 통해, 부정적인 말과 불편한 감정이 비적응적인 대응 기제를 가지게 되거나 다른 사람의 눈치를 보는 행동으로 이어질 수 있다는 사실을 알 수 있어요. 빈칸을 채워 긍정적인 자기 가치의 사이클을 완성해 보세요.

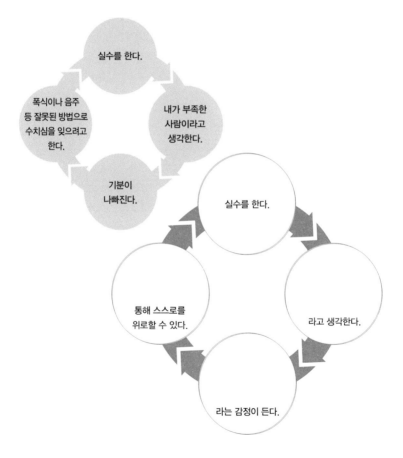

자기 가치를 발견한 스스로에게 다정하고 사랑스러운 말을 건네고 있나요? 당신에게, 특히 실수를 한 당신에게 관대하게 대한 날을 표시해 보세요. 매일매일 자기 가치를 발견하고 자기 자비를 베풀게 되길 바랄게요.

월요일	화요일	수요일	목요일	금요일	토요일	일요일

셀프 러브의 여정 중 하나를 또 마쳤네요. 축하해요. 6장을 통해 자기 가치를 발견했길 바라요. 자기 가치를 찾는 일은 정말 놀랍고도 멋진 일이에요. 하지만 오랫동안 내재되어 있던 부정적인 가치관은 너무나 쉽게 되돌아오기도 해요. 그렇기 때문에 계속해서 스스로에게 다정하고 관대한 태도를 보여주는 연습을 해야 해요. 동시에 살아가면서 마주치게 될 고난과 실수로부터 배워나가야 하고요. 자기 자비를 베풀고 자기 가치를 찾는 여정을 동시에 해야 하는 이유이기도 하죠.

이제부터는 다른 사람과의 상호 작용을 살펴볼 차례예요. 삶을 살아가는 데 있어, 긍정적인 관계성을 형성하고 유지하는 일은 무척이나 중요해요. 7장에서는 건강한 인간관계를 위해 필요한 일과 적절한 경계선을 만드는 방법을 알아볼 거예요. 더불어 분명하고 명확한 의사소통을 하는 방법도 찾아볼 거고요. 이로써 당신의 인생이 바뀔 수도 있어요.

"

나는 내 일상에
특별한 것을 가져오는 사람이다.

"

관계성Relationships,
건강한 관계를 형성하기 위한 방법

자신을 사랑하는 방법은 다른 사람에게 당신을 사랑하도록 가르치
는 것이다. **루피 카우르**Rupi Kaur

셀프 러브의 여정이 점점 무르익을수록, 건강한 관계성을 형성할 수 있는 힘도 커질
거예요. 여기서 관계성은 다른 사람과의 관계는 물론 자신과의 관계도 포함되어 있
어요. 지금부터 건강한 관계와 그렇지 못한 관계의 차이를 알아보는 방법, 그리고
올바른 관계성을 위해 삶에 경계선을 세우고 이를 유지하는 방법을 확인해 볼게요.
자신보다 다른 사람의 감정을 우선시하는 사람이 많아요. 또한 다른 사람의 기분
과 생각에 초점을 맞추느라 삶의 방향성을 잃고 헤매는 사람도 많고요. 하지만 자
신의 감정과 욕구를 계속해서 무시한다면, 치명적인 심리적 위험 상태에 빠질 수
있어요. 그렇기 때문에 자신의 감정과 욕구를 받아들이고 존중하며, 스스로와 소
통해야 해요. 이는 자기 자신은 물론 다른 사람과의 관계성까지 긍정적으로 변화
시키는 원동력이 될 테니까요.

건강한 관계성과 건강하지 못한 관계성 비교하기

건강한 관계성을 형성하는 3가지 요소를 알아볼게요. 바로 신뢰와 존중, 올바른 상호 관계예요. 이 3가지 요소를 지녀야만 건강하고 평등한 관계성을 이루고 있다고 할 수 있어요. 여기서 신뢰는 상대방을 진실하고 정직하며, 신뢰할 수 있다고 믿는 것이에요. 존중은 상대방을 따뜻하고 가치 있는 사람이라고 여기며 감사하는 마음을 지니는 것이고요. 올바른 상호 관계는 당신과 상대방이 주고받는 에너지가 상호 작용을 통해 적절한 균형을 유지하는 것이에요.

지금 당신이 맺고 있는 다양한 관계를 생각해 보세요. 배우자, 연인, 친구, 동료나 가족이 떠오를 거예요. 그들과 신뢰와 존중, 상호 관계를 어떻게 쌓아나갈 수 있을지 적어보세요.

예   신뢰: 상대방이 맡은 일을 끝까지 해냈을 때 신뢰가 쌓이고 유지될 수 있다.

❖   **신뢰**

❖   **존중**

❖   **상호 관계**

당신의 관계성을 다양한 측면으로 평가하는 시간이 필요해요. 아무리 건강한 관계성이라고 해도, 이를 계속 유지하기 위해서는 반드시 거쳐야 과정이죠.

내면을 제대로 들여다보면 셀프 러브의 여정에 방해가 되는, 적신호가 켜진 관계성을 발견하게 될 거예요. 신뢰나 존중이 부족하거나, 상호 관계가 불균형한 상태이거나 혹은 상호 관계를 조절하는 일을 소홀하게 여긴다면 건강하지 못한 관계성으로 변하기 십상이에요. 그로 인해 자존감은 조금씩 낮아지게 될 거고요. 여기서 그치는 것이 아니라, 건강하지 못한 관계성이 끝없이 반복되는 악순환으로 이어질 수도 있죠. 해로운 관계성은 셀프 러브가 자랄 수 없는 척박한 환경을 만들어요. 반면 해로운 관계성을 해결해 나간다면, 인생을 바꿀 수 있는 변화의 발판을 마련할 수 있을 거예요.

당신의 관계성 중에서 부정적인 것이 무엇인지 적어보세요.

다음의 목록은 건강하지 못한 관계성에서 나타날 수 있는 심각한 문제들이에요. 혹시 당신에게 해당하는 것이 있는지 생각해 보세요.

❖ **가스라이팅** 실제와 상관없이 상대방이 당신에게 어떤 일이 일어났거나 일어나지 않았다고 말하거나, 당신이 알고 있는 사실도 사실이 아니라고 말하는 것이에요. 이로써 당신은 스스로 현실을 의심하게 되어요.

❖ **질투** 불안감은 종종 '질투'라는 감정으로 가장해 드러나기도 해요. 예를 들면, 사랑한다는 이유로 지나치게 간섭하는 것이 있겠네요. 하지만 이는 진정으로 사랑하는 것이 아니에요.

❖ **조롱** 말로 깔아뭉개려는 것이에요. 상대방이 당신을 비열하고 상처가 되는 명칭으로 부름으로써, 당신이 스스로 형편없는 사람이라고 느끼게 만들죠.

❖ **위협** 감정적으로, 사회적으로, 육체적으로 혹은 성적으로나 그 외 어떤 식으로든 상대방이 당신을 해칠 것이라고 믿게 되어요.

❖ **강제** 당신의 의견과 생각을 고려하지 않은 채, 당신을 조종해서 상

대방의 요구를 충족하는 것을 가리켜요.

❖ **불신** 당신의 동기나 행동에 대해 계속해서 의심하거나 의문을 제기하는 행위예요.

❖ **행동 통제** 당신이 누구와 대화하고 시간을 보내야 하는지, 혹은 사소한 행동이나 옷, 더 나아가 생각이나 감정까지 지정하는 것이에요.

❖ **무시** 만약 상대방이 당신을 무시하고 있다면, 당신의 말이나 생각을 상대방으로부터 이해받을 수 없을 것이라는 느낌이 들 거예요.

다른 사람의 감정과 바람, 요구를 당신의 것보다 먼저 생각하며, 비위를 맞추는 편인가요? 비위를 맞추는 것과 배려하는 것은 다른 차원의 문제예요. 전자는 스스로가 가치 없는 사람이라는 생각과 좋은 사람이 되어야 한다는 압박에 뿌리를 두고 있죠.

어쩌면 무의식적으로 비위를 맞추고 있을지도 모르겠네요. 다른 사람을 신경 쓰느라 힘들었던 경험을 적어보세요.

❖ **직장에서**

❖ **사회에서**

❖ **가족 관계에서**

❖ **연인 관계에서**

❖ **친구 관계에서**

적절한 경계선 정하기

경계선은 다양한 방식을 띠고 있어요. 먼저 물리적인 경계선은 신체를 보호할 수 있는 공간을 확보하고 당신의 통제력을 높일 수 있도록 만들어요. 한편 정서적인 경계선은 당신의 감정을 책임질 수 있도록 만들죠. 때로는 경계선을 정하는 것이 건강한 관계성을 형성하는 데 도움이 돼요.

만약 정서적인 경계선이 타인으로부터 침범당했을 때는 당신에게 과도한 역할이 부여되고 이로써 자꾸만 비위를 맞추게 되고, 당신의 권한을 타인에게 넘기게 돼요. 당신이 다른 사람의 감정까지 책임지려고 하거나, 모든 사람의 일에 신경을 쓸 때에도 이 경계선이 침범당할 수 있어요. 이 같은 경우, 불균형한 관계성이 계속되는 것은 물론 스스로 억울함이나 분노, 실망, 자기 비하 등을 느끼게 될지도 몰라요. 결코 좋은 현상이 아니죠.

경계선을 견고하게 정하면, 다른 사람과 멀어지게 되거나 교류하지 못하게 될 것이라는 부정적인 생각이 들 수 있어요. 하지만 경계선이 아예 없다면, 양쪽 모두에게 악영향이 미칠 거예요. 그러므로 적절한 경계선을 정하는 것이 좋아요. 셀프 러브의 여정에서 꼭 필요한 일이기도 하고요.

다음의 목록은 경계선이 너무 약하거나 경직되어 있을 때 발생

할 수 있는 문제들이에요. 당신에게 해당하는 내용이 있다면 체크해
본 다음, 그와 관련된 경험을 적어보세요.

❖ 내가 원하는 것을 계속 말했는데도, 다른 사람이 내 요구를 들어주지 않을 때 화가 난다.

❖ 나는 모든 사람을 행복하게 만들어야만 한다는 책임감을 느낀다.

❖ 나는 관계성에서 종종 원망이나 분노를 느낀다.

❖ 내가 원하는 것을 먼저 말하지 않아도, 다른 사람이 내 요구를 알아야 한다.

❖ 나는 다른 사람을 괴롭히거나 불편하게 만들고 싶지 않다.

❖ 다른 사람을 돕는 일은 나를 유일하고 가치 있게 만드는 일의 일부이다.

❖ 나는 종종 다른 사람을 위해 스스로 희생한다.

❖ 나는 나의 진짜 모습을 다른 사람에게 보여주지 않는다.

❖ 내가 무슨 생각을 하는지 다른 사람이 알게 되면, 나를 좋아하지 않을 것이라고 생각한다.

❖ 나는 다른 사람을 믿지 않으며 관계성을 빠르게 끊는다.

다른 사람의 부탁을 거절하는 것을 어려워하는 사람이 많아요. 물론 부탁을 거절해야 하는 상황을 불편하게 느낄 수는 있어요. 특히 다른 사람이 화를 낼 수도 있다는 생각을 하면 더욱 불편할 거예요. 반면 다른 사람에게 부탁을 해야 할 때, 주저하다가 결국 부탁을 하지 않기로 결정해 버리기도 하죠.

분명하게 거절 의사를 밝히는 것은 셀프 러브에 있어 정말 중요한 일이에요. 어떤 사람은 거절의 이유를 반드시 말해야 한다고 생각해요. 하지만 꼭 그래야 할 필요는 없어요. 거절을 해도 괜찮고, 거절의 이유가 없어도 좋아요. 스스로를 정당화하기 위해 애쓸 필요는 더더욱 없어요. 당신의 결정에 자신감과 확신을 지녀야 해요. 다음의 목록은 군이 변명을 늘어놓지 않고도 거절 의사를 표현할 수 있는 문장이에요. 이를 반복해 말하는 연습을 해보세요.

- ❖ 고마워요. 그렇지만 저는 시간이 나지 않을 것 같아요.
- ❖ 초대해 주셔서 감사하지만 저는 그날 다른 일정이 있어요.
- ❖ 지금 당장은 할 수 없어요.
- ❖ 생각해 보고 다시 연락드릴게요.
- ❖ 아니요. 저는 그렇게 할 수 없을 것 같아요.
- ❖ 지금 당장은 어려운 일이지만 나중에 다시 생각해 볼게요.
- ❖ 그건 저에게 맞지 않는 방식이에요.

다음의 목록을 통해 경계선을 세우는 것이 건강한 관계성을 가져온다는 사실을 알게 될 거예요. 소리 내어 읽어보세요. 종이에 써서 벽에 붙인 다음 매일매일 읽어도 좋아요. 가슴을 쭉 펴고 손을 허리에 얹고 똑바로 선 채, 아주 당당한 자세로 분명하고 단호하게 읽어보세요.

❖   나는 의사를 명확하게 표현해도 된다.

❖   내 감정은 중요하고 타당하다.

❖   감정이 격해지면 경계선을 설정해도 된다.

❖   나에게는 의사를 표현하고 선택이나 결정에 참여할 권리가 있다.

❖   다른 사람들의 반응과 행동은 내가 아니라 그들 자신을 반영하는 것일 때가 많다.

❖   별다른 설명 없이 다른 사람의 부탁을 거절해도 괜찮다.

❖   나는 건강하지 못한 상황에 머물지 않아도 된다.

❖   나는 존중받을 자격이 있다.

❖   나는 내가 원하고 바라는 것을 요청할 수 있다.

❖   다른 사람이 싫다고 해도 괜찮으며, 내가 원하는 방식으로 반응하지 않아도 괜찮다.

❖   다른 사람의 반응은 내가 원하는 것을 요청해도 되는지 아닌지를 나타내지 않는다.

❖   나는 내 욕구를 채우면서도 친절할 수 있다.

분명하게 의사 전달하기

당신의 가치는 당신이 결정하는 것이며, 우리는 모두 스스로가 원하고 바라는 것을 표현하거나 요구해도 되는 존재예요. 이 사실을 깨닫게 되었다면 이제 실제로 실천해 볼 차례예요.

❖ **당신이 다른 사람에게 도움을 요청하거나 부탁을 한다고 생각해 보세요. 다른 사람과 만나 이야기를 나눌 때, 무슨 일이 일어나길 바라는지 적어보세요.**
예: 오늘은 ○○ 음식점에 가고 싶네. 친구에게 말해야지.

❖ **당신이 원하는 것을 명확하게 적어보세요. 상대방이 누구인지에 따라 다르겠지만, 감정을 공유하거나 무언가를 요청하는 이유를 간단하고 명료하게 설명한다면 상대방을 이해시키는 데 도움이 될 거예요.**
예: 저녁에 ○○ 음식점에 가고 싶어. 이탈리안 음식이 먹고 싶거든.

❖   때로는 다른 사람이 거절의 반응을 보일 수도 있어요. 그들에게도 거절할 수 있는
    권리가 있거든요. 이 경우 당신이 원하는 것을 마음속 중심에 두는 데 집중하세요.
    예: (친구가 지난주에 이탈리안 음식을 먹었다고 말했을 때) 오늘 정말 이탈리안 음식을 먹고 싶
    은데, 다음 주에 네가 제안한 곳으로 가는 건 어때?

_____

_____

_____

_____

❖   당신이 원하는 것을 다른 사람이 고려하고 있다는 사실에 감사하기로 해요. 이를
    실제로 수용하는지는 중요하지 않아요.
    예: 나의 제안을 받아주어서 고마워. 혹은 나의 의견을 들어주어서 고마워.

_____

_____

_____

_____

의사소통 방식 알아보기

톡하면 사과를 하거나 무의식적으로 미안하다고 말하는 사람을 흔히 볼 수 있어요. 심지어 전혀 실수를 하지 않은 상황에서도 습관처럼 사과를 하기도 해요. 잘못하지 않은 일에 사과해 본 경험이 다들 있을 거예요.

식료품점에 들어가 머스터드소스를 찾기 위해 직원에게 말을 건다고 생각해 보세요. 아마 "죄송하지만, 머스터드소스는 어디에 있나요?"라고 물어볼 거예요. 하지만 사과를 해야 할 상황은 아니죠. 그저 무의식적으로 튀어나오는 말일 뿐이지만, 이러한 습관은 고치는 것이 좋아요. "머스터드소스가 어디에 있는지 알려주시면 고맙겠습니다."라고 말하는 건 어때요?

이와 비슷한 경험이 있는지 적어본 다음, 이때 어떻게 말하는 것이 더 좋을지 적어보세요.

관계성에 있어서 원활한 의사소통은 무척 중요해요. 하지만 원활한 의사소통을 하는 것은 결코 간단한 문제가 아니죠.

의사소통 유형은 굉장히 다양해요. 그중 3가지를 소개할 거예요. 각 유형은 저마다 다른 목적과 기능, 특징을 가지고 있어요. 몇 가지는 권장할 만한 의사소통 유형은 아니지만, 다양한 의사소통 방식이 있다는 사실을 인지하는 것도 필요하거든요.

인간의 뇌는 생존을 위한 투쟁, 도피, 혹은 경직의 메커니즘을 가지고 있어요. 도피와 경직의 메커니즘은 때때로 수동적인 의사소통의 원인이 될 수 있어요. 투쟁의 메커니즘은 공격적인 의사소통으로 나타날 수 있고요. 그리고 과거의 어떠한 트라우마가 강력하게 남아 있는 복합 외상 상태인 경우, 의사소통을 할 때 다른 사람의 비위를 맞추고 갈등을 피하는 데에만 집중하게 될 수도 있어요.

먼저 의사소통 유형에 대한 설명을 읽어보세요. 그리고 다음의 상황에 해당하는 의사소통 유형은 무엇인지 체크해 보세요. 더불어 원활한 의사소통을 하기 위해서는 어떻게 말하는 것이 좋을지 생각해 보세요.

❖ **수동적인 의사소통** 자신이 필요한 것을 요청하지 않거나, 원하는 것이 아니지만 다른 사람의 요청이므로 절대 거절하지 않는 방식이에요. 누군가가 폭력적인 행동을 보이는 경우, 그 위험 속에서 안전하게 살아남기 위해 수동적인 의사소통을 선택하기도 해요. 이는 위협을 느꼈을 때 발생하는 트라우마 반응에서 비롯된 것일 수도 있어요.

❖ **공격적인 의사소통** 위협에 대한 투쟁 반응에 좀 더 가까워요. 강한 어조를 띠고 있거나 제스처가 크게 표현되는 경향이 있어요. 때때로 상대방으로부터 위협이나 공격을 초래하기도 하죠.

❖ **적극적인 의사소통** 편안하고 적절한 제스처와 함께 침착하고, 정중하며, 합리적이고, 단호하게 표현하는 방식이에요. 이는 건강한 관계성을 형성하는 데 도움이 돼요.

1   친구를 귀찮게 하고 싶지 않아서, 타이어를 교체하는 일을 도와달라고 요청하지 않는다.

    수동적인 의사소통   공격적인 의사소통   적극적인 의사소통

2   자신의 아들이 학교 연극에서 배역을 따내지 못했다는 사실에 화가 나, 담임 선생님에게 전화를 해서 언성을 높인다.

    수동적인 의사소통   공격적인 의사소통   적극적인 의사소통

3   앞차가 느리게 움직이자 크게 경적을 울린 다음, 앞으로 끼어들어 급브레이크를 밟는다.

    수동적인 의사소통   공격적인 의사소통   적극적인 의사소통

4   고기를 웰던well-done으로 요청했지만 제대로 익히지 않은 고기가 나오자, 직원을 불러 다시 만들어달라고 정중하게 부탁한다.

    수동적인 의사소통   공격적인 의사소통   적극적인 의사소통

5   주차 공간을 두 개나 차지한 사람을 협박한다.

    수동적인 의사소통   공격적인 의사소통   적극적인 의사소통

6 집에서 공부를 하는 동안 텔레비전 소리를 줄여달라고 부탁한다.

수동적인 의사소통   공격적인 의사소통   적극적인 의사소통

7 음료를 리필하고 싶지만, 종업원을 번거롭게 하고 싶지 않아서 참는다.

수동적인 의사소통   공격적인 의사소통   적극적인 의사소통

정답

1 수동적인 의사소통   2 공격적인 의사소통   3 공격적인 의사소통
4 적극적인 의사소통   5 공격적인 의사소통   6 적극적인 의사소통
7 수동적인 의사소통

의사소통 방식은 관계성에 많은 영향을 미쳐요. 혹시 올바르지 못한 의사소통 방식을 사용하고 있다면 이를 의식적으로 고치려고 노력해야 해요. 수동적인 의사소통이나 공격적인 의사소통 외에 관계성에서 문제를 일으킬 수 있는, 해로운 의사소통 방식이 2가지 더 있어요. 바로 '조종'의 성격을 띤 방식과 '수동 공격성'을 지닌 방식이에요.

전자의 유형은 다른 사람의 감정을 유도해서 원하는 바를 얻는 것이에요. 다른 사람을 통제하기 위한 전략이죠. 명확하고 직접적인 의사소통보다 간접적이고, 이따금씩 감정적으로 격양된 의사소통을 활용해요. 조종을 하는 사람은 원하거나 필요한 것을 정확히 말하지 않으면서 상대방의 감정을 이용해요.

후자의 유형은 원하는 바를 얻으려고 하지만, 정작 이를 분명하게 전달하지 않고 불투명하게 표현하는 것이에요. 억압된 분노의 감정이나 원한이 내면화되어 있을 때, 복수하거나 부정적인 방법으로 되갚으려고 하죠. 스스로가 무력하다고 느끼거나 다른 사람이 자신에 대한 권한을 가지고 있다고 느끼는 경우에 수동 공격성을 지닌 의사소통 방식을 선택하기도 하고요.

아마 이 같은 의사소통 방식을 선택한 경험이 있을 거예요. 혹은 다른 사람으로부터 경험한 적도 있을 거고요. 그 경험을 적어보세요.

예　　나를 빼고 논 친구들 중 한 명에게 "아무도 나를 안 좋아하나 봐."라고 말했다.

예　　집이 더럽다고 불평한 배우자가 설거지를 하지 않자 '되갚아준' 경험이 있다.

부정적인 과거 직시하기

멜로디 비에티Melody Beattie가 쓴 책《공동의존자 더 이상은 없다》에서는 공동 의존에 대해 소개하고 있어요. 여기서 공동 의존이란, 어떤 중독자의 행동을 지속시키거나 조절시키는 등 부적응적인 관계를 뜻해요. 공동 의존 관계가 오래 지속될수록 경계선이 더욱 흐려지게 되죠. 한 명은 상대방에게 의존하고, 다른 한 명은 상대방의 행동이나 감정을 통제할 책임을 느끼게 되는 거예요. 다른 사람의 비위를 맞추고, 자신이 구조해야 한다고 느끼거나 조정을 하고, 과잉 기능을 하는 것은 공동 의존 관계로 이어질 수 있어요.

특히 복합 외상을 경험한 사람의 경우, 자신의 감정과 행동을 부정하면서 다른 사람의 환심을 사려고 아첨을 하게 돼요. 그들의 감정과 행동을 책임지려고 애쓰면서 살아남는 법을 배우게 되죠. 이 패턴은 생존에는 효과가 있을지 몰라도, 시간이 지날수록 건강한 관계의 핵심인 신뢰와 존중, 상호 관계의 기반을 약화시켜요. 누군가를 너무 많이 사랑하는 바람에 본연의 모습을 잃어버리고, 결국 셀프 러브를 잃게 되는 거죠.

공동 의존의 형태가 나타나는 친밀한 관계를 적어보세요. 영화나 책, 어쩌면 가족 관계에서 찾아볼 수 있을 거예요. 그 관계성에서 각각의 사람이 얻는 것이 무엇인지 적어보세요.

셀프 러브를 실천하는 것을 어려워하고 불안감에 사로잡힌 사람은 직장 동료나 가족, 친구, 연인과 건강한 관계성을 맺지 못할 가능성이 높아요. 특별한 느낌을 가지고 싶어 하고 자기 가치를 확신시켜 주는 사람을 만나고 싶어 하는 욕구는 다른 사람을 쫓아가는 패턴의 관계성을 낳거든요. 이 같은 패턴은 끊임없이 연락을 하거나, 관심에 목말라하거나, 주목을 받기 위한 행동을 일삼는 양상으로 나타날 수 있어요.

직장에서는 주목받기 위해 애쓰고, 업무를 제대로 수행했다고 인정받고 싶어 할 수도 있어요. 가정에서는 수시로 모이려고 하고, 자신을 희생하면서 다른 사람의 요구와 선호에 부응하려 할 수 있고요. 친구나 연인 사이에서는 시간을 내기 위해 자신의 일을 매번 중단하거나, 상대방이 답장을 하지 않아도 계속해서 연락하는 행동을 보일 수 있어요.

쫓아가는 패턴의 관계성을 맺고 있는 대상이 멀어지면 불안감은 더욱 심해지죠. 다른 사람의 생각을 바탕으로 관계성을 맺는 것은 악순환을 되풀이하게끔 만들어요. 다른 사람과 멀어질수록 치열하게 쫓아가게 되거나, 다른 사람에게 스스로가 특별한 존재라는 사실을 확인받기 위해 더욱 매달리게 되는 거예요. 이처럼 건강하지 못한 관계성에 사로잡힌 경험을 적어보세요.

다른 관점으로 생각하기

　우리는 거짓말을 한 일 때문에 죄책감을 느낄 수 있어요. 이 감정은 앞으로 당신의 가치관에 맞는, 더 나은 선택을 하는 데 도움이 될 거예요. 하지만 거짓말을 한 다음 수치심에 근거한 감정이 든다면, 스스로가 형편없는 사람처럼 느껴질 거예요. 이 같은 패턴은 당신이 부족한 사람이라는 믿음에서 시작돼요.

　죄책감과 수치심은 전혀 다른 결과를 가져와요. 죄책감은 가치관과 신념에 부합하는 선택을 하는 데 동기를 제공해요. 반면 수치심은 감정이나 생각을 억누르고 마비시키려는 경향이 강하죠. 만약 실수를 했다면, 사람이기 때문에 누구나 실수를 할 수 있다고 생각해야 해요. 그냥 하는 말이 아니라, 사실이에요. 누구나 실수를 하거든요.

　죄책감이 어떻게 변화를 가져올 수 있을지, 수치심에 근거한 생각과 싸우기 위해 어떻게 다르게 생각할 수 있을지 적어보세요. 앞서 연습한 자기 자비의 방법을 떠올리면 도움이 될 거예요.

애착 유형 분석하기

애착 유형을 분석할 차례예요. 관계성에서 느끼는 안정감의 기원을 알게 되면, 다른 사람과 건강한 상호 작용을 주고받을 수 있어요. 아미르 레빈Amir Levine과 레이첼 헬러Rachel Heller의 책《그들이 그렇게 연애하는 까닭》에서는 주요 애착 유형을 안정형, 회피형, 불안형으로 나누어요. 여기에 불안회피형을 더 추가해, 각각의 특징을 알아볼게요. 애착 유형은 대개 유년 시절에 부모와의 관계에서 형성되는 것이라고 알려져 있지만, 사실 어른이 되어서도 그 영향력을 발휘하죠.

다음의 4가지 유형 중 당신이 어디에 속하는지 생각해 보세요. 그리고 다양한 관계성에서 애착 유형이 어떻게 나타나는지 적어보세요. 이를 통해 당신의 관계성을 더욱 잘 파악할 수 있을 거예요.

안정형

❖ 회피도와 불안감이 낮아요.

❖ 자신을 편하게 공개하고 공유해요.

❖ 친밀함과 유대감을 원해요.

❖ 거절을 지나치게 어려워하지 않고 관계에 대한 강박이 없어요.

❖ 버림받는 것에 대한 걱정이 없어요.

회피형

❖ 회피도가 높고 불안감이 낮아요.

❖ 유대감을 가지는 것이나 개방적으로 자신을 공유하는 관계성이 불편해요.

❖ 상대방을 만나지 못하더라도 걱정하지 않아요.

❖ 상대방은 더욱 친밀해지고 싶어 하지만, 타인을 신뢰하는 것이 어려워요.

❖ 자립적인 것을 선호해요.

❖ 냉담하고 단절되어 있다는 인상을 주어요.

불안형

❖ 회피도가 낮고 불안감이 높아요.

❖ 친밀함과 유대감을 극단적으로 갈망해요.

❖ 관계에서 종종 불안감을 느끼고 경계선 너머에 스며들고 싶어 해요.

❖ 버림받고 거절당하는 것을 두려워해요. 집착이 심하고 애정 결핍을 느껴요.

불안회피형

❖ 회피도와 불안감이 높아요.

❖ 너무 친밀해지는 것이 불편하면서도 상대방의 사랑과 헌신을 불안하게 생각해요.

❖ 의미가 뒤섞인 메시지를 자주 보내요.

❖ 가까워지고 싶어 하면서도 솔직하게 자신을 공개하는 관계성을 맺고 싶지 않아요.

❖ 너무 친밀해졌을 때 상처를 입을 것에 대해 걱정해요.

❖ 연인:

❖ 친구:

❖ 가족:

❖ 직장 동료나 상사:

❖ 낯선 사람:

긍정적인 미래 설계하기

당신이 13살이었던 순간으로 거슬러 올라가기로 해요. 그때는 무엇이 중요했는지, 무엇에 에너지를 들였는지 기억해 보세요. 누가 가장 소중했고, 어떤 활동에 참여했는지 떠올려보세요. 또 학교 식당에서 어디에 앉을지 두리번거릴 때 느꼈던 감정을 생각해 보세요.

이제 지금의 나이로 돌아와요. 그리고 당신이 얼마나 성장했는지 적어보세요. 이를 통해 셀프 러브를 지속적으로 강화할 수 있는 힘은 성인이 된 당신에게 있다는 사실을 알게 될 거예요.

불안감과 회의감, 두려움, 해로운 관계성을 풍선에 담아 날려버리는 상상을 할 거예요. 풍선이 충분히 커졌나요? 열기구만큼 크게 만들어보세요. 충분히 부풀어 올랐다면, 셀프 러브와 관계성에 도통 도움이 안 되는 것으로 가득 찬 풍선을 놓아버리세요. 그리고 풍선의 바람이 빠지고 점점 더 작아지면서 멀리 날아가는 모습을 떠올리세요. 아주 작아지다가 결국에는 사라지겠죠. 풍선을 만들어, 케케묵은 생각을 버리기로 해요.

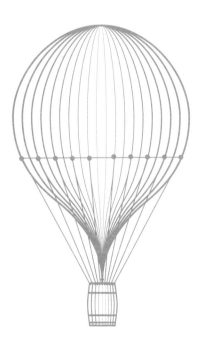

경계선을 세우고 건강한 관계성을 유지하는 데 있어, 가치 있고 중요한 것이 무엇인지 주기적으로 확인하는 것은 정말 필수적인 일이에요. 그래야만 신념과 대치되고 반대되는 상황을 마주쳐도 잘 대처할 수 있거든요.

당신에게 가치 있고 중요한 것이 무엇인지 적어보세요. 신뢰일 수도 있고, 진실성이나 정직함일 수 있어요. 이를 떠올리는 데 도움이 되는 방법이 있어요. 당신을 기념하는 성대한 행사가 있다고 상상해 보는 거예요. 이곳에 모인 다른 사람이 당신에 대해 어떻게 말하면 좋을 것 같나요? "굉장히 신뢰할 만한 사람이지."라는 평가일 수도 있고, 혹은 "참 진실한 사람이야."라는 칭찬일 수도 있을 거예요. 당신이 다른 사람을 어떻게 대했으며, 관계성을 얼마큼 소중히 여기는 사람이었는지에 대해 어떤 이야기를 듣고 싶은지 생각해 보세요.

저는 상담 심리 치료를 하면서 만나는 사람에게 "신뢰의 반대는 통제예요."라는 말을 자주 해요. 대개 신뢰하지 못할 때 통제를 하려는 모습을 보이기 때문이에요. 신뢰는 건강한 관계성에서 반드시 필요한 요소인데, 통제는 이를 방해하는 요소예요. 즉, 신뢰와 통제는 역학 관계를 이루는 셈이죠.

통제는 사소한 것까지 간섭하고, 조언하고, 상황을 조정하거나 바꾸려고 하거나, 다른 사람의 감정에 책임을 느끼는 것 등의 양상으로 드러날 수 있어요. 혹시 이 같은 행동을 하고 있나요? 상황을 통제하는 다음의 목록 중에서 당신의 모습이 있다면 체크해 보세요. 그리고 적절한 경계선과 올바른 의사소통을 활용해 해결할 수 있는 것인지 생각해 보세요.

사소한 것까지 간섭하기	꼰대처럼 행동하기	징징거리기
조언하기	상황을 조정하기	감정을 억제하기
과도하게 계획하기	다른 사람에게 특정 감정을 느껴야 한다고 말하기	
대화를 단절하기	회피하기	

스스로에게 응원의 메시지 보내기

자기 회의를 극복하고 자기 가치를 발견하고, 관계성을 변화시키려면 용기가 필요해요. 스스로에게 용기를 불어넣을 수 있도록 감사의 편지를 보내기로 해요.

당신이 가진 부정적인 성향에도 감사할 수 있어요. 그 부정적인 성향은 당신을 보호하고 돕기 위해 드러난 것일 뿐이거든요. 특히 관계성을 형성하는 데 있어 필요했을 거예요. 스스로를 의심하고 불안감을 느꼈던 것은 사실 당신을 지키려는 반응이었을 뿐이죠. 이에 대해 감사를 표하는 편지를 적어보세요. 마지막 줄에는 그러한 부정적인 성향은 더 이상 필요하지 않다는 사실을 꼭 언급하고, 그 성향에 작별을 고하기로 해요.

사랑하는 불안에게

7장을 마치며

7장에서는 불편한 감정이 올라왔을 수도 있어요. 혹은 당신의 관계성을 새로운 방식으로 점검하게 되었을 수도 있고요. 거절하는 법을 배우고, 필요하고 원하는 것을 요청하고, 건강하지 못한 인간관계를 인지해 바꿀 수 있을 때, 비로소 성장할 수 있어요. 이때 그 무엇보다 당신과의 관계성이 가장 중요하다는 사실을 기억하세요.

셀프 러브를 실천하는 연습을 하다 보면 관계성에 변화가 오기도 해요. 연습을 통해 경계선을 세우고, 명확하게 소통하고, 해로운 관계성을 끊어낼 수 있거든요. 만약 계속해서 관계성에 어려움을 느낀다면, 전문가에게 상담을 받거나 지원을 요청해도 좋아요. 셀프 러브의 여정도 막바지에 이르렀어요. 8장에서는 당신의 변화를 확인할 수 있을 거예요.

"

경계선을 설정하는 것은
셀프 러브를 실천하는 또 하나의 방법이다.

"

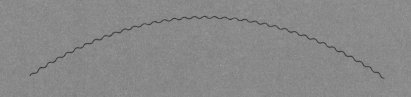

자신을 사랑하는 연습을 하는 것은 자신을 믿고 존중하며,
자신에게 친절하고 다정하게 대하는 법을 배우는 일이다.

브레네 브라운

지금쯤이면 자기 인식을 통해서 자기 자비를 배우고, 자기 회의를 떨치고,
자기 가치를 발견해 스스로를 있는 그대로 포용하는 것을 익혔을 거예요. 다
른 사람과의 관계성에도 변화가 생겼을 테고요. 지극히 당연하고 자연스러
운 결과예요. 이 책에 소개된 수많은 연습과 활동으로 일상에서 셀프 러브를
실천하는 방법을 터득했을 테니까요. 3부에서는 앞으로도 계속해서 셀프 러
브를 이어나갈 수 있도록 최종적으로 점검해 볼게요. 바로 여기서, 지금까지
쏟은 노력이 결실을 맺게 될 거예요.

셀프 러브가 가져오는 변화

몸무게가 아니라 나의 장점으로 나를 측정하기 시작했다. 그러다 보니 때때로 웃음이 난다. **로리 할시 앤더슨**Laurie Halse Anderson

지금까지 걸어온 셀프 러브의 여정에서 자신을 더욱 잘 알게 되는 희열을 경험했을 거예요. 마침내 셀프 러브를 향한 모든 노력을 하나로 모은 종착지에 도착했어요. 그동안 어떻게 성장했는지 돌아본 다음, 내면에 있는 가장 좋은 모습을 끄집어낼 수 있는 방법을 정리해 볼 거예요. 또 목표와 꿈을 능동적으로 탐험할 수 있도록, 안전지대를 벗어나 다음 여행을 출발할 수 있는 방법도 찾아볼 거예요.

자기 인식 확인하기

스스로를 완전히 포용하기 위해서 알아야 하는 게 있어요. 바로, 당신을 미소 짓게 하는 것이에요. 당신을 행복하게 만드는 것을 생각해 보세요. 자연, 사람, 동물, 생각, 경험 전부 다 좋아요. 매일 아침 가장 좋아하는 차를 우려내는 순간이나 강아지와 산책하는 시간처럼 사소한 것도 괜찮으니 모두 적어보세요.

시각화 명상하기

미래의 당신의 모습을 상상해 볼 거예요. 더욱 현명해진 당신의
모습을 머릿속으로 그려보세요.

1 　눈을 감은 채, 코로 깊게 숨을 들이마신 후 입으로 내쉬어요.

2 　가장 바라는 것이 무엇인지 떠올려보세요. 그 목표를 이루기 위해 무
　　엇이 필요할지 생각해 보세요.

3 　목표를 이루는 과정에서 스스로를 제한하는 것은 아닌지 생각해 보세요.
　　앞으로 나아가는 데 있어 방해가 되는 것은 무엇인지 생각해 보세요.

4 　문제에 잘 대처하고 해결하는 모습을 상상해 보세요. 어려움을 극복하
　　고 목표를 향해 더 가까이 나아가는 모습을 떠올리는 거예요.

5 　더 성숙하고, 더 현명하고, 더 발전한 모습을 상상해 보세요. 지금까지
　　이룬 모든 것에 대해 감사와 인정을 표현하는, 지혜롭고 성숙한 모습
　　을 그려보세요.

6 　현재 자신의 모습을 온전히 받아들이세요. 그리고 미래의 자신이 모든
　　여정을 함께하고 있다는 사실을 기억하세요.

자기 자비 확인하기

스스로를 완전히 포용하기 위해서는 흠이나 결점까지 인정해야 해요. 우리는 완벽하게 불완전한 존재라는 사실을 받아들이되 여전히 가치 있는 사람이라고 믿는다면, 정말 강한 내면을 가지게 될 거예요. 포용과 유머에 바탕을 두고, 배움과 성장을 주저하지 않으면 세상에서 해내지 못할 일은 없어요. 무한한 경험을 하게 될 수도 있고요.

살다 보면 가끔은 마음에 상처가 생기기도 해요. 그래도 괜찮아요. 흠이나 결점, 별난 점까지 끌어안는 일은 셀프 러브의 여정에서 거쳐야 할 아주 중요한 단계예요. 당신을 특별하게 만드는 흠이나 결점, 별난 점 5가지를 적어보세요.

혹시 스스로에게 감사를 표현하는 일에 너무 인색하지는 않나요? 당신에게 감사를 표현하는 일에는 고난과 시련의 순간을 이기게 만드는 힘과 더 넓은 시야를 갖게 해주는 힘이 있어요. 당신에게 감사한 점을 찾아서 적어보세요.

스스로에게 가장 다정하고 지혜롭게 대해야 한다는 사실을 잊지 마세요. 이를 위해 실천할 수 있는 방법을 생각해 보기로 해요. 당신을 어떻게 돌볼 수 있을지 적어보세요.

❖ **신체적으로**

❖ **감정적으로**

❖ **경제적으로**

❖ **정신적으로**

❖ **사회적으로**

자기 회의 확인하기

셀프 러브의 여정을 걸어갈 때, 앞만 보고 달려가기보다는 중간 중간 잘 나아가고 있는 것인지 평가해 보는 것이 좋아요. 이를 통해 당신에게 맞는 부분에 집중하고 당신과 맞지 않는 부분을 개선할 수 있을 거예요.

자기 회의에 대해 살펴볼게요. 자기 회의를 극복했던 순간을 떠올려보세요. 어떤 활동이 효과적이었나요? 어떤 활동에서 어려움을 겪었으며, 이를 해결할 수 있는 방법은 무엇이었나요? 잘못되거나 틀린 생각은 없어요. 주저하지 말고 적어보세요.

❖ **효과적인 활동:**

❖ **어려움을 겪은 활동:**

❖ **해결할 수 있는 방법:**

자기 가치 확인하기

누구나 독특한 재능을 가지고 있어요. 스스로를 완전히 포용하기 위해서는 재능과 특기, 장점을 알아야 해요. 당신에게 만족하는 것을 모두 적어보세요. 부끄러워할 필요 없어요. 당신은 선물 같은 존재거든요.

자기 가치는 셀프 러브의 여정에서 핵심적인 역할을 차지해요. 이 책의 모든 활동과 연습에 자기 자치를 발견하는 방법이 녹아 있다고 말해도 과언이 아니죠. 자기 자치를 찾을수록, 현재를 지탱할 수 있는 힘이 커지고 부정적인 생각이나 걱정으로부터 자유로워지는 변화를 경험하게 될 거예요. 우리는 커다란 그림의 일부이며, 그 안에서 완벽하게 자리 잡고 있다는 사실을 깨닫길 바라요.

이제 자기 가치에 대해 살펴볼게요. 자기 가치를 발견했던 순간을 떠올려보세요. 어떤 활동이 효과적이었나요? 어떤 활동에서 어려움을 겪었으며, 이를 해결할 수 있는 방법은 무엇이었나요?

❖ **효과적인 활동:**

❖ 어려움을 겪은 활동:

❖ 해결할 수 있는 방법:

취약성을 드러내고 진실하게 행동해야, 자기 가치를 알 수 있어요. 셀프 러브의 여정은 때로는 어렵고 부담이 되기도 하겠지만, 당신은 빛나는 존재라는 사실을 기억하세요.

잠시 멈춰 서서, 이 책을 통해 얼마큼 성장하게 되었는지 그리고 어떻게 변화하게 되었는지 적어보세요.

관계성 확인하기

경계선이 없는 환경에서는 셀프 러브를 유지할 수 없다는 사실을 배웠어요. 경계선을 세우려면 기꺼이 불편함을 감수해야 하며, 이것이 그럴 만한 가치가 있는 일이라는 점을 알아야 해요. 물론 두려움이나 괴로움을 느낄 수도 있어요. 처음 시도하는 것이라면 더욱 그럴 거예요. 하지만 연습을 통해 극복할 수 있어요.

경계선을 세웠던 순간을 떠올려보세요. 어떤 활동이 효과적이었나요? 어떤 활동에서 어려움을 겪었으며, 이를 해결할 수 있는 방법은 무엇이었나요?

❖ **효과적인 활동:**

❖　　**어려움을 겪은 활동:**

❖　　**해결할 수 있는 방법:**

셀프 러브 실천하기

셀프 러브의 여정을 해나가다 보면 당신 앞에 시련이 다가올 수도 있어요. 이때 잘 대응할 수 있는 몇 가지 방법이 있어요. 삶에서 마주한 문제를 어떻게 접근하고 해결할 것인지 고민이 될 때, 다음의 5가지 방법 중에서 선택할 수 있을 거예요. 어떤 방법이든, 행동을 취하기 전에 먼저 그 상황을 인정하고 받아들여야 한다는 사실을 잊지 말고요.

❖ **상황을 바꾸세요.** 당신의 바람이나 욕구를 상대방에게 솔직하게 표현하고, 당신이 선호하는 것을 전달하는 행위를 통해 상황을 바꿀 수 있을 거예요. 상대방의 감정이나 생각, 행동은 당신이 통제할 수 없기 때문에 항상 상황을 바꿀 수 있는 것은 아닐 거예요. 그래도 문제를 해결하기 위해서는 반드시 변화를 취해야 하는 법이죠.

❖ **상황을 견디세요.** 문제를 있는 그대로 바라보며 받아들이면 오히려 성장할 수 있을 거예요. 물론 참는다고 해서 언제나 좋아지는 것은 아니죠. 그러나 상황을 견디면서 곰곰이 생각해 볼 필요도 있어요.

❖ **상황을 받아들이세요.** 상황을 바꾸거나 견디기 위해서는 '받아들이

는 것'이 우선시되어야 할 거예요. 이 선택지는 이것보다 조금 더 넓은 범위를 포함하고 있어요. 바로 바꿀 수 없는 사건을 받아들이면서, 겪을 수 있는 고난과 잠재적인 불편함까지 수용하는 것이죠. 수용하는 자세는 마음에 평안을 줄 거예요. 하지만 이때 반드시 강력한 자기 자비와 자기 가치를 연습할 시간이 필요해요.

❖ **아무것도 하지 마세요.** 이번에는 아주 간단한 선택지예요. 어떠한 반응이나 대처를 하지 않는 것으로, 완전히 무시하는 거예요. 아무것도 하지 않는 것은 받아들이는 것과는 달라요. 알다시피, 상황을 받아들이는 것이 때로는 일처럼 느껴질 때도 있잖아요. 그저 아무것도 하지 않는 것과는 전혀 다르죠.

❖ **악화시키세요.** 부디 이 선택지를 너무 자주 실천하게 되지 않길 바라요. 상황을 악화시키면, 삶과 관계성에 크고 작은 변화가 생기기 마련이에요. 혼란과 불필요한 상황을 감수해야 하지만, 분명 문제를 해결할 수 있는 하나의 방법이에요.

제가 상담 심리 치료를 할 때, 자주 하는 말이 있어요. "안전지대를 벗어나세요." 누구나 안정을 추구하지만, 두려움을 넘어 목표를 향해 걸음을 내딛는 용기를 발휘할 때 바로 거기서부터 진정한 삶이 시작되기 때문이에요.

셀프 러브를 실천하다 보면, 삶은 점점 더 확장될 거예요. 가능성에는 끝이 없거든요. 가장 안쪽에 있는 작은 원 안에 편안하고 안전하다고 느껴지는 상황이나 사람을 적어보세요. 중간 원에는 셀프 러브를 방해하는 생각이나 감정을 적어보세요. 가장 바깥쪽에 있는 원에는 성장과 꿈을 위한 가능성을 모두 적어보세요.

역사를 돌아보면 셀프 러브를 실천하며 진정한 변화를 이루어낸 강하고 용기 있는 사람이 셀 수 없이 많아요. 이 영웅들의 삶을 들여다보는 일은 셀프 러브의 여정에 영감을 줄 거예요. 실제 인물은 물론 책이나 영화 속에 등장하는 인물도 마찬가지죠. 셀프 러브를 적극적으로 실천한 여성을 소개할게요. 이들을 통해 무엇을 배울 수 있을지 생각해 보세요. 자신만의 영웅을 적어도 좋고요.

말랄라 유사프자이 Malala Yousafzai

로자 파크스 Rosa Parks

마야 안젤루 Maya Angelou

헬렌 켈러 Helen Keller

애니 이즐리 Annie Easley

《작은 아씨들》의 조 마치 Jo March

해리엇 터브먼 Harriet Tubman

안네 프랑크 Anne Frank

테레사 수녀 Saint Teresa of Calcutta

소저너 트루스 Sojourner Truth

〈헝거게임〉의 캣니스 에버딘 Katniss Everdeen

〈메리다와 마법의 숲〉의 메리다 Merida

원더 우먼 Wonder Woman

성장과 발전에 있어서 자기 성찰은 필수적이고 특별한 요소예요. 삶의 의미를 돌아보는 것은 당신의 내면을 깊이 들여다볼 강력한 기회가 될 거예요. 때때로 시간을 들여 삶을 찬찬히 살펴보면, 삶의 가치와 목적을 발견할 수 있을 테니까요.

만약 당신이 이 세상에 영향력을 끼칠 수 있다면, 어떤 변화를 만들고 싶은지 적어보세요. 이를 통해 지금까지 살면서 내린 선택과 결정을 돌아보고 앞으로 나아갈 수 있는 원동력을 찾을 거예요.

셀프 러브 지속하기

지금까지 셀프 러브를 위한 구체적인 행동과 연습을 배웠어요. 이제 매일매일 꾸준하게 실천하기로 해요. 달력을 가득 채우도록 하루에 한 가지씩 도전해 보는 것은 어떨까요? 셀프 러브를 위한 당신만의 아이디어를 자유롭게 실천해도 좋아요.

월요일	화요일	수요일	목요일	금요일	토요일	일요일
호흡에 집중하기	소리 내어 긍정적인 문장 말하기	오늘 하루는 푹 쉬기	당신이 특별한 이유 생각해 보기	자기 회의를 극복하는 활동 중 한 가지를 골라 연습하기	경계선 설정하기	당신에게 다정하게 말하기

셀프 러브의 여정은 결코 끝나지 않아요. 언제나 현재 진행형이죠. 삶에서 다양한 단계를 거치게 되면서, 계속 성장하고 변화할 테니까요. 살아가면서 몇 번이고 이 책을 펼쳐 사용할 수 있을 거예요. 또 중요한 결정을 앞둔 순간이나 어려움을 느끼는 순간에 참고할 수도 있겠네요.

성장해야 하는 것, 개선해야 하는 것, 확장해야 하는 것을 적어보세요. 그리고 6개월마다 다시 점검해 보세요.

❖ **성장해야 하는 것**

❖ **개선해야 하는 것**

❖ **확장해야 하는 것**

셀프 러브의 여정을 기꺼이 탐험하고 있는 당신에게 감사 편지를 쓰기로 해요. 당신의 노력과 헌신, 의지를 칭찬하면서 말이에요. 이러한 활동은 가끔 어색하고 어려울 수도 있어요. 하지만 당신이 다양한 재능과 장점으로 가득한, 근사한 사람이라는 사실을 기억하세요. 그토록 멋진 당신에게 애정을 담아 편지를 쓰는 거예요.

에게

(이름을 적으세요)

너는 정말 놀라운 사람이야.

난 너의   사랑해.

셀프 러브를 우선순위로 생각해 준 점, 정말 고마워.

내가

할 시간을 내어준 점도 감사한 일이지.

이 과정이 쉽지만은 않았을 거야.

특히

같은 활동은 정말 힘들어했잖아.

그래도 네가

해내서 자랑스러워.

너는 너에게

같은 특별한 능력이 있다는 사실을 보여주었어.

너의   인상적이야.

네가   를 통해 셀프 러브를 계속 키워나가길 바라.

네가 대단한 사람이라는 사실에 감사해.

나는 앞으로도 너를 그 누구보다 사랑할 거야.

으로부터

(이름을 적으세요)

테스트| 당신을 얼마나 사랑하고 있나요?

당신을 얼마나 사랑하고 있는지 알아보는 테스트예요. 다음의 질문을 읽고, 해당하는 점수(0점~5점)에 체크해 보세요. 총합을 계산하면, 당신의 상태를 파악할 수 있어요.

1   나는 가치 있는 사람이며 사랑받을 자격이 있다.

2   나는 스스로 특별한 존재라고 생각한다.

3   나는 인생의 목적이 있다.

4   나는 내가 필요한 것과 내가 바라는 것을 이야기할 수 있다.

5   나는 내 몸을 있는 그대로 받아들이고 사랑한다.

0 ── 1 ── 2 ── 3 ── 4 ── 5

6   나는 연애를 하지 않아도 결핍을 느끼지 않는다.

0 ── 1 ── 2 ── 3 ── 4 ── 5

7   나는 실수를 할 수 있다고 생각하며 내가 최고가 아니어도 괜찮다.

0 ── 1 ── 2 ── 3 ── 4 ── 5

8   나는 다른 사람의 기분만큼 내 기분도 중요하다.

0 ── 1 ── 2 ── 3 ── 4 ── 5

9   나는 다른 사람의 감정만큼 내 감정도 중요하다.

0 ── 1 ── 2 ── 3 ── 4 ── 5

10   나는 살면서 좋은 일을 겪을 자격이 있다.

0 ── 1 ── 2 ── 3 ── 4 ── 5

총합

40~50점   셀프 러브가 충만한 상태로, 지금처럼 성장하며 자신을 사랑하면 돼요.

30~40점   잘하고 있어요. 자신이 얼마나 특별하고 중요한 존재인지 계속해서 기억하세요.

20~30점   때로는 자신이 가치 있다고 생각하지만 때로는 자신이 하찮게 느껴지기도 하므로 자신을 믿는 연습이 필요해요.

10~20점   자신이 가치 있고 사랑받는 존재라는 사실을 믿지 못하고 있어요. 이 책과 함께 셀프 러브에 대해서 배울 수 있는 여정을 시작했으니, 너무 걱정하지 말아요.

0~10점   셀프 러브를 키우기 위한 새로운 토대를 준비해야 해요. 자신을 사랑할 자격은 충분하므로, 계속 이 책을 읽어나가길 바랄게요.

❖   맞아요. 이 테스트는 1장에서 했던 테스트와 동일해요. 달라진 당신의 모습을 발견했나요?

8장을 마치며

자신을 있는 그대로 받아들이는 것은 마법같이 저절로 일어나지 않는다는 사실을 알게 되었을 거예요. 제가 상담 심리 치료를 할 때 늘 강조하는 이야기가 있어요. 셀프 러브의 여정에는 시간과 노력이 필요하다는 것이에요. 당신도 이 점을 꼭 기억하길 바라요.

8장을 통해 당신이 얼마나 많은 변화를 만들어내고 있는지 확인했듯, 앞으로도 계속해서 노력한다면 분명 놀라운 일이 나타나게 될 거예요. 살아갈 이유를 발견하고, 더 건강한 관계성을 맺게 되는 것이죠. 스스로를 온전히 포용하는 것은 다른 사람도 포용하는 것으로 이어지니까요.

그 과정이 녹록지 않을 거예요. 그때 보면 좋은 영상이 있어요. 케빈 브릴Kevin Breel의 테드 강연 '우울한 희극인의 고백Confessions of a Depressed Comic'이에요. 정신 건강 운동가이자 작가, 희극인으로 활동하고 있는 그가 겉보기에는 완벽했지만 우울증을 앓고 있던 시기에 대해 솔직하게 이야기한 강연이죠. 그가 우울증을 어떻게 이겨내고 살아가고 있는지 듣다 보면, 당신도 용기를 낼 수 있을 거예요.

"

나는 끊임없이 성장하고 배울 것이다.

"

에필로그

축하해요. 당신이 해냈어요! 이 책은 마지막 페이지에 도달했지만, 계속해서 셀프 러브의 여정을 이어나가길 바라요. 이 여정을 시작하고 이 책에 나온 활동과 연습을 완수한 당신의 용기와 의지에 박수를 보내요. 틀림없이 스스로와의 관계가 끈끈해졌을 거예요. 이 길을 걸어오는 동안 벽을 마주치기도 했을 거예요. 휘청거리기도 했을 거고요. 그 순간도 자연스럽게 흘려보내세요. 중요한 것은 포기하지 않고, 계속 앞으로 나아갈 수 있는 길을 찾아냈다는 사실이니까요.

이 여정은 끝나지 않았어요. 당신은 계속해서 발전할 거예요. 그러니 그저 계속 나아가세요. 셀프 러브는 당신의 삶은 물론 세상에도 엄청난 변화를 가져다줄 수 있어요. 그렇기 때문에 부단한 노력을 할 만한 가치가 있는 것이죠.

이 책은 제가 오랫동안 개발해 온 활동과 연습으로 채워져 있어요. 저를 찾아온 사람을 위해 준비하고 실제로 시도했던 것들을 모은 것이죠. 상담 심리 치료 시간에는 정말 성스럽고도 심오한 일이 일어나기도 해요. 누군가와 오롯이 함께 시간을 보내고 진지하고도 깊은 대화를 나누기 때문에 가능한 일이죠. 게다가 자신의 약점이나 취약성도 드러내는 자리잖아요. 당신도 이 책을 통해 그러한 경험과 감정을 공유할 수 있었길 바랄게요. 전문가로서 당신이 셀프 러브로 향하는 길을 잘 찾아갈 수 있게끔 도와줄 수 있어서 정말 영광이었어요. 이제 당신은 혼자서 여정을 떠날 준비를 마쳤으며, 분명 스스로 삶을 윤택하게 만들 수 있으리라고 확신해요. 행운을 빌어요.

우리가 알고 있는 가장 아름다운 사람들은 패배를 알고, 고통을 알며, 투쟁을 알고, 고난을 알고, 상실을 안다. 그리고 그 깊은 곳에서 빠져나오는 길을 찾았다. 그들은 모두 감사와 자비, 온유, 깊은 애정으로 가득 채운 삶을 이해하고 있다. 아름다운 사람들은 우연히 만들어지는 것이 아니다. | 엘리자베스 퀴블러 로스

Elisabeth K bler-Ross

셀프 러브

초판 1쇄 발행 2021년 11월 24일

지은이 미건 로건
옮긴이 홍승원
편집 윤민희
디자인 스튜디오243

펴낸 곳 해와달 출판그룹
브랜드 오월구일
출판등록 2019년 5월 9일 제2020-000272호
주소 서울특별시 마포구 양화로 183, 311호 (동교동)
E-mail info@hwdbooks.com

ISBN 979-11-91560-07-7 13190